和谐校园文化建设读本

中小学体育教育漫谈

孟晓光　王庆然　李文龙/编著

吉林教育出版社

图书在版编目(CIP)数据

中小学体育教育漫谈 / 孟晓光，王庆然，李文龙编
著 . — 长春 : 吉林教育出版社，2012.6（2022.5重印）
（和谐校园文化建设读本）
ISBN 978－7－5383－8752－0

Ⅰ . ①中… Ⅱ . ①孟… ②王… ③李… Ⅲ . ①体育课
－教学研究－中小学 Ⅳ . ①G633.962

中国版本图书馆 CIP 数据核字（2012）第 115961 号

中小学体育教育漫谈	孟晓光　王庆然　李文龙　编著
策划编辑 刘　军　　潘宏竹	
责任编辑 庞　博	**装帧设计** 王洪义

出版　吉林教育出版社(长春市同志街 1991 号　邮编 130021)

发行　吉林教育出版社

印刷　北京一鑫印务有限责任公司

开本　710 毫米×1000 毫米　1/16　13 印张　　**字数**　165 千字

版次　2012 年 6 月第 1 版　2022 年 5 月第 3 次印刷

书号　ISBN 978－7－5383－8752－0

定价　39.80 元

编　委　会

总 序

千秋基业，教育为本；源浚流畅，本固枝荣。

什么是校园文化？所谓"文化"是人类所创造的精神财富的总和，如文学、艺术、教育、科学等。而"校园文化"是人类所创造的一切精神财富在校园中的集中体现。"和谐校园文化建设"，贵在和谐，重在建设。

建设和谐的校园文化，就是要改变僵化死板的教学模式，要引导学生走出教室，走进自然，了解社会，感悟人生，逐步读懂人生、自然、社会这三部天书。

深化教育改革，加快教育发展，构建和谐校园文化，"路漫漫其修远兮"，奋斗正未有穷期。和谐校园文化建设的研究课题重大，意义重要，内涵丰富，是教育工作的一个永恒主题。和谐校园文化建设的实施方向正确，重点突出，是教育思想的根本转变和教育运行机制的全面更新。

我们出版的这套《和谐校园文化建设读本》，全书既有理论上的阐释，又有实践中的总结；既有学科领域的有益探索，又有教学管理方面的经验提炼；既有声情并茂的童年感悟，又有惟妙惟肖的机智幽默；既有古代哲人的至理名言，又有现代大师的谆谆教诲；既有自然科学各个领域的有趣知识，又有社会科学各个方面的启迪与感悟。笔触所及，涵盖了家庭教育、学校教育和社会教育的各个侧面以及教育教学工作的各个环节，全书立意深邃，观念新异，内容翔实，切合实际。

我们深信：广大中小学师生经过不平凡的奋斗历程，必将沐浴着时代的春风，吸吮着改革的甘露，认真地总结过去，正确地审视现在，科学地规划未来，以崭新的姿态向和谐校园文化建设的更高目标迈进。

让和谐校园文化之花灿然怒放！

本书编委会

目 录

第一章　青年体育教师如何更好更快地发展 ……………………… 001

第二章　体育课中师生如何更好地沟通 …………………………… 015

第三章　体育教师专业发展 ………………………………………… 024

第四章　体育校本教材的初步探索 ………………………………… 036

第五章　浅谈如何提高体育课堂教学有效性 ……………………… 048

第六章　体育课堂渗透德育教育 …………………………………… 061

第七章　体育课堂管理 ……………………………………………… 072

第八章　体育课堂评价 ……………………………………………… 083

第九章　增强教研组团队建设,促进体育教师专业化发展 ……… 097

第十章　体育教师的困惑 …………………………………………… 111

第十一章　体育教学立体模式建构 ………………………………… 126

第十二章　如何上好体育公开课 ·· 142

第十三章　新体育课程标准与体育教师观念的转变 ·········· 157

第十四章　中小学拓展训练 ·· 172

第一章　青年体育教师
如何更好更快地发展

　　中小学青年体育教师如何提高专业水平,如何快速走向专业成长之路并努力成为一名优秀的体育教师呢？本书综观近年来体育报刊杂志报道的优秀体育教师和 2008 年中国教育学会体育专业委员会组织评选出的"全国百名优秀中学体育教师"的事迹,研究出他们的成长规律和经验,以供广大中小学青年体育教师学习借鉴,扬长避短,加强自身素质修养,严谨生活、工作作风,爱岗敬业,勤恳工作,乐于奉献,在教学、课外体育活动、课余运动队训练、体育科研等方面做出更大的成绩,从而走出自己的专业成长之路,早日成为一名优秀的体育教师。

　　一、明确人生目标,制订合理、可行的发展规划

　　谚语有云:"只有知道明天干什么,今天活着才有意义。"青年教师刚刚离开校园,走上工作岗位,首先应该明确自己的工作目标、生活目标和人生目标。明确工作目标,是让自己清楚自己在工作中的定位,并在自己积极的学习和努力下,不断提升专业素质和业务能力,逐渐成为学科骨干力量,力求使自身专业价值最大化;明确生活目标,是让自己清楚自己想要达到的生活水平,而达到这一水平,也需要通过努力工作取得成绩来实现;明确人生目标,是让自己清楚,当以上两个目标均达到理想状态时,才能决定你的人生价值和社会价值又将达到一种什么样的状态。因此说,有目标,生活才处于追索的状态,才会感到充实、感到快乐、感到有意义。

　　凡事预则立,不预则废。青年教师应结合自身实际、本学科特点、学校发展规划和社会发展前景,制订个人成长计划,以促进自己教育、教学水平的提高。如制订合理、可行的发展规划,争取五年成为教学骨干。

第一步,新教师参加工作的第一年,要适应学科教学各项工作,初步掌握教学常规和教学基本功,熟悉课程标准和教材,懂得运用课堂剂量计。能够调控课堂。能初步应用先进教育技术服务教学。

第二步,在教学的第二年要对照落实课程标准的各项要求,严格按教学规律办事,突出学科教学特点,总结经验教训,改进、完善教学方法,养成良好的教学习惯,掌握教学基本功。要综合考评得到学生的信任。在教学过程中,能应用现代教育技术及理论服务和指导教学。

第三步,教学第三年,要加强理论联系实际,在课标的指导下创造性地开展教学工作,在吸收他人经验的基础上初步形成自己的教学风格,研究如何使课堂教学最优化,争做优质课,教学基本功全部达到合格,熟练扎实运用。教育教学思想先进,教育理念与时俱进。善于学习研究。有很好的教育教学方法,教学水平高。具有一定的教育科研能力,针对教学实践,开展科研活动和教育创新,成为教育改革和研究的探索者、实践者。能在学校工作中挑大梁、唱主角,成为学校教育教学和科研骨干。

二、具有爱岗敬业、积极进取、勤恳工作、吃苦耐劳、乐于奉献的精神

中小学青年体育教师要成为一名优秀的体育教师,首先,要具有爱岗敬业、积极进取的品质。不能只把体育教学工作当成职业,而是把这份工作当作事业来干,这样才能热爱体育教育工作,在工作中积极进取。第二,要具有勤恳工作、吃苦耐劳的精神。常言道:吃得苦中苦,方为人上人。要将爱岗敬业的热情融化到日常的体育工作中,要勤勤恳恳、扎扎实实工作,尤其是吃苦耐劳,别人不愿干的要主动去干。第三,要乐于奉献。工作中不能斤斤计较,不要学校安排什么工作都讲报酬,要任劳任怨,分内分外的工作都主动去做。云南省昆明市官渡区小哨乡白汉场中心学校的一名小学体育教师叫毕首金,家住农村,是民转公办教师。

他教学之余自行设计、自找材料，制作了五十多种、82类、4012件体育器材，形成具有特色的体育器材"二十六怪"，受到学生们的欢迎，得到各级领导、专家的广泛好评。他所上的体育课曾获省一等奖，撰写的论文多次获得国家和省级奖项，创设的每天两次体育大课间活动，被中央电视台等多家新闻媒体报道。2002年被昆明市政府授予"特等劳动模范"，被云南省政府授予"省科技兴乡突出贡献奖"。一个农村小学的体育教师能如此优秀，就是把体育工作当作事业来辛勤工作的结果！

体育教学场景

三、努力提高自身体育课堂教学的能力和水平，上好常规课

中小学体育教师的核心工作就是上好体育课，所以教师必须具备优良的教学能力和教学水平。青年体育教师如何才能快速提高自身的教学能力和教学水平呢？

（一）多观摩学习全国、省、市、县举办的中小学体育教学展示课或优质评比课

多观摩学习如"全国中小学体育教学观摩展示活动"的体育展示课、"中国十城市体育活动观摩研讨会"上的体育展示课、各省举办的体育展示课。这些中小学体育展示课，在教学思想、教学方法、教学组织、教学

器材的布置上都与常态下的体育课不同,它对常态体育课起着一种引领性、前瞻性的作用,并且是优秀体育教师对其执教多年的教学经验、教学艺术和教学风格的展示。观看这些课进行观摩学习能学到许多东西,对提高自身的教学水平有很大的帮助。学习教案,了解用什么教材,教材的处理与延伸,教学目标怎样制定,如何构思本课教与学,教学组织形式的安排,教学方法的选择,本课重点、难点和关键问题的解决,教学时间的分配等。学习课堂教学,一看教学组织形式与教学方法的选择是否科学、合理、自然、巧妙、新颖,是否有利于激发学生学习主体性。二看教法与组织练习过渡是否合理、自然、科学。三看教学重点是否突出,本课的亮点是什么。四看教材的处理是否科学、延伸得怎样。五看准备、基本、结束部分之间的过渡安排是否自然、巧妙。六看学生练习的密度、运动负荷的安排是否合理、科学。七看整个教学过程是否科学,整堂课学生学习目标的达成度怎样。八看教师的教态是否自然、大方、从容,整个课堂教学的调控、驾驭以及处理突发事件的能力与艺术怎样。九看教师的讲解是否清晰、准确、富有启发性,示范是否准确、到位,对学生的学习是否起到积极的主导作用。

体育教学场景

（二）多评课，书写评课报告

从上述观摩学习公开课的几方面写出评课报告，优点是什么？缺点在哪里？假设自己上这节教材课，如何改进？结合专家的点评，再修正自己的评课，构思并完成该课的更佳的教学设计。

（三）操作实践

在平时的体育课中，根据观摩学习过的教材，依据评课报告，结合自己特点和本校学生的实际，改良、创新教案，逐步形成具有自身特色的教学模式。

篮球教学场景

（四）争取机会，多参加各级展示课（优质课）、教学技能、教案评比活动

青年体育教师可在参赛中锻炼提高自己的教学业务水平。参加一次展示课（或教学技能、教案）评比活动，事前需做大量而细致的准备工作，其间会得到同行、老师、教研员的指导和帮助，从而集思广益，不断改进，有时还会一而再、再而三地试教，不断完善修正，这不是做假，公开课就不应该是一堂随意的平常的普通课。因此，参加公开课不论结果如何，你总能在教学理念、思想、组织形式和方法，包括在运动技能和示范

讲解上都会得到锻炼提高。事实上,许多体育名师、学科带头人都是省、市乃至全国体育展示课或优质评比课一等奖得主。参加展示课,提高了自己的教学业务水平,也成就了许多体育教师人生事业的发展。

体育教学场景

四、组织好学校课外体育活动和带好学校课余运动代表队训练

中小学课外体育活动是贯彻落实"阳光体育运动""学生每天锻炼一小时"政策的重要措施,是实施素质教育的有力载体。作为中小学青年体育教师,一是要组织开展早操、课间操、班级的课外体育锻炼、学校体育运动会和全校(或年级)的多种单项体育比赛。二是开展这些活动时要勤于开拓创新,要经常变换活动方式,来激发学生参加课外体育活动的兴趣和热情。三是开展这些活动,要考虑周全的安全防范和应急措施,尽量不出安全事故。学校课余运动代表队训练,有利于培养体育骨干和优秀体育后备人才,并通过他们的影响,带动更多的同学热爱体育锻炼。通过训练的运动代表队参加各级教育主管部门组织的体育比赛,拿名次、奖牌,既能展示学校素质教育的成果,也会成为体育教师为学校争光、为自己创业的重要平台。体育教师如何才能带好运动代表队训练,并参加比赛出更佳的成绩呢?一是要勤学运动训练理论,掌握科学

的训练方法,提高运动训练水平,提高运动训练的有效性。二是要有长年训练方案和计划,要持之以恒,不能急功近利只求短期效应。要坚持长年训练,并形成良性循环的组队训练。如初中(或高中)体育教师,可以从附近小学(或初中)或是每年从初一(高一)选拔一些有某项运动特长的学生组建某项运动代表队训练,通过几年的训练,并且每年加入新队员,形成良性循环,这样取得良好的训练成绩是没有多大问题的。三是艰苦奋斗,乐于奉献。在没出成绩前,许多学校是不会重视的,也谈不上什么训练报酬。此时青年体育教师为了自己的事业就不能计较报酬,否则多年下来碌碌无为,更谈不上事业发展了。

跳远运动场景

五、勤奋学习钻研,积极参加学校体育科研

体育教师在世人的眼中落下了"四肢发达、头脑简单"的"武人"印象。因此体育教师平常除了认真教学、组织好课外体育活动和运动代表队训练外,一是要勤奋学习、钻研业务。除了学习体育方面的专业书籍,还应每年订阅如《中国学校体育》《体育教学》等杂志,及时了解学校体育的动态,学习掌握新的体育教学方法与训练的新思路。为了扩大知识面及视野,吸取更新的教育教学理念、方法以用于指导体育教学和科研,还应订阅综合性的教育杂志,如《中国教育学刊》《教育研究》等。二是要积极参加体育科学研究。体育教师进行科研,主要是解决日常教学、训练中的问题,正如周登嵩先生所说:"以研究的眼光,善于在教学中发现问题,反思总结问题;以科学的原理方法,在教学训练中去探索、创新、解决问题;用研究的成果去进一步指导和推进教学训练工作。"进行体育科研,是一个自我提高、不断丰富知识、提高理论水平的过程,同时也是一个不断培养提高思维能力、表达能力的过程,有利于从过去的"教学—教练型"向"教学(训练)—科研综合型"转变,提升自己。从 2008 年评出的"全国百名优秀中学体育教师"可以看出:他们既是教学、训练的能手,又在体育科研方面成绩显著。他们结合自己的教学训练实践开展科研,反过来科研成果又为他们的教学训练不断注入新的活力,提高了教学、训练质量,同时改造了自己,改变了体育学科和本人在学校和本地的地位,不断实现自己的人生价值。

体育教学场景

六、积极加入体育学术组织，通过组织锻炼培养造就自己

体育教师是社会人，离不开社会组织的影响和培养。我国体育系统中有中国体育科学学会、省级体育科学学会，教育系统中有国家、省、市（县）级教育学会、体育教学专业委员会。这些体育学术组织中的人员，有的是全国、省、市（县）体育系统中的权威，有的是专家学者，更多的是优秀的体育教师和业务骨干。加入到这些组织中，可以很好地学习他们的教育思想、教学理念、教学方法和敬业精神，并通过组织的力量来锻炼和培养自己，不断提高自己的业务水平。在教育系统中，有一种专门的学校体育教研组织，即中央、省、市（县）教育科学研究所体育教研室，其负责人即为体育教研员，他们有丰富的体育教育教学和训练经验。体育

体育教学场景

教师要尊敬他们，虚心向他们请教学习，力争得到他们的指导和培养。北京市某区小学分校体育教师马老师，2005 年从首都体育学院学习关于如何进行学校体育科研及应掌握的科研方法。毕业参加工作不到一年，发表文章 12 篇，上各级体育公开课 4 节，2006 年 3 月 25 日北京市某区体育教学研究会为她召开专场教学现场会。马老师在参加工作不到一

年的时间就取得了这么显著的成绩,除了她有奋斗进取、吃苦肯干的精神外,更重要的是她勤奋好学。毕业参加工作后,她拜全国优秀体育教研员刘老师为师,在刘老师的帮助指导下,一步步走向了成熟。因此青年体育教师要尊重教研员、老体育教师,主动虚心向他们请教学习,力争得到他们的帮助和指导,这样才能在组织中被老师们"狠狠推一把",快速走向成长。

七、加强自身素质修养,严谨生活、工作作风,塑造良好形象

体育教师有许多优点,身体素质好、精力充沛、组织能力强、应变能力强,大多数体育教师性格豪迈、直率、大度、自信、热情,不拘小节。然而某些优点从另一角度来看也成了某些体育教师的缺点,成了事业发展的绊脚石。如过分的自信给人一种张狂、浮躁的印象,过分直率给人一种办事没头脑的感觉,不拘小节给人一种大大咧咧、懒散没修养的感受。试看一些体育教师平时衣着不整洁,工作方法简单、态度粗暴,三句话不合自己意愿就发脾气。这样的形象会好吗?因此体育教师要严谨生活及工作作风,加强自身素质修养,塑造自己良好形象。因此,一要衣着整洁得体,富有朝气;二要工作细致、雷厉风行;三要谦虚谨慎,办事多从学校全局着想;四要注意细节,细节决定成败,如办公室随时打扫干净,与领导、老师说话注意语言和体态分寸,工作多做少说或不说等。

八、寓德育于体育课堂教学之中

教师不但要教学生文化课知识,而且要教学生做人。作为体育教师,首先要提高自身的文化修养,丰富自身社会和人文知识的积淀,才能自如地在教学过程中利用教材中的有关内容对学生有针对性地进行思想教育、道德教育、品德教育,寓德育于课堂教学之中。

九、向其他教师学习,借他人的经验成就自己

京剧大师梅兰芳曾经说过这样一句话:"不看别人的戏,就演不好自

己的戏。"演戏如此,教学也如此。青年教师除了自己努力工作、积累经验之外,还应该向其他教师学习,得到其他教师的帮助,借鉴他们的宝贵经验,使自己尽快成长、进步,取得佳绩,有所成就。

青年教师应该多听其他教师的课。"不听别人的课,就上不好自己的课。"这句话有一定的道理。听相同学科教师的课,听相同年级教师的课,听中、老年教师的课,听青年教师的课,听名师的课,借助他人的经验把自己的课上好。

青年教师应该多看其他教师的教案。青年教师虽然专业知识扎实、学识水平较高,但缺少整合教材、教参的能力,欠缺根据学生实际学习水平设计教案的经验,因此,青年教师应该多看其他教师的教案,借助他人的经验完善自己的教案。青年教师应该多邀请名师听自己的课。青年教师除了听他人课之外,还应邀请其他教师,尤其是名师,听自己的课,给自己的课把脉,征求他们的建议,听取改进的意见,从而制定出改进自己课堂教学的措施。青年教师应该多与其他教师交流。青年教师应该利用一切可利用的时间多与其他教师进行交流,讨论教学得失,总结教学经验,提高教学水平。

体育教学场景

十、撰写教学反思

对于教师来说,"反思教学"就是教师自觉地把自己的课堂教学实践作为认识对象,进行全面而深入的冷静思考和总结,它是一种用来提高自身业务素质,改进教学实践的学习方式,积极探索与解决教育实践中的一系列问题及有效的经验。教师要想进一步充实自己,优化教学,并使自己逐渐成长为一名称职的人类灵魂工程师,必须经常对自己的教学进行反思。那么,教师如何撰写教学反思呢?

(1)写成功的经验

教学反思中教师应将教学过程中引起教学共振效应的做法,课堂教学中临时应变得当的措施,层次清楚、条理分明的板书设计,讲解重点和突破难点而选用的典型例句,某些教学思想方法的渗透与应用的过程,教育学、心理学中一些基本原理使用的感触,教学方法上的改革与创新等等详细得当地记录下来,供以后教学时参考使用,并可在此基础上不断地改进、完善、推陈出新,达到光辉顶点。

体育教学场景

（2）写教学中的失误

即使是成功的课堂教学也难免有疏漏失误之处及觉得需要改进的地方。教师应该把课后发现的不足或教学中的失误记录在教学反思中，对它们进行系统的回顾、梳理，并对其做深刻的反思、探究和剖析，以便在今后的教学中吸取教训，避免犯类似的错误。

（3）写教学中的灵感

课堂教学中，随着教学内容的展开、师生的思维发展及情感交流，往往会因为一些偶发事件而产生瞬间灵感，好的教学方法、策略、手段等，这些"智慧的火花"常常是不由自主地突然而至，教师应该利用教学反思去捕捉，并把它们记录下来，以便为今后的教学服务。

（4）写学生的见解

在课堂教学过程中，学生是学习的主体，学生总会有"创新的火花"在闪烁，教师应当充分肯定学生在课堂上提出的一些独特的见解，这样不仅使学生的好方法、好思路得以肯定，而且对学生也是一种赞赏和激励。同时，这些难能可贵的见解也是对课堂教学的补充与完善，可以拓宽教师的教学思路，提高教学水平。因此，将其记录下来，可以保存为今后教学的丰富材料。

（5）写教师的疑惑

在教学中教师如果对教材、教参的某个知识点有疑惑，教师应该记录下来，向教材出版社、杂志社或报社询问，以便使教学资源更加完美。

（6）写学生的困惑

学生在学习中遇到的困惑往往是一个单元或一节课的难点。教师在教学中，应该特别留意哪些技术动作学生掌握不好，把它们记录下来，帮助学生找到原因，提出改进的办法。

（7）写他人的成功做法

教师在听其他教师课后，再对照自己的教学设计，有时会发现自己的不足,别人的长处。在写教学反思时,教师应该将他人的成功做法和经验记录下来,补充完善自己的教学设计。

(8)写教学"再教设计"

教学一节课下来,静心沉思,这次教学摸索出了哪些规律,有哪些创新,知识点上有什么发现,组织教学方面有何新招,练习的诸多误区有无突破,启迪是否得当,训练是否到位等等。及时记下这些得失,并进行必要的归类与取舍,考虑一下再教这部分内容时应该如何做,写出"再教设计",这样可以做到扬长避短、精益求精,更加完美。

写教学反思既要及时又要执着,一有所得立即记下,有话则长,无话则短,不拘泥于形式,不受篇幅限制。教学反思有益教学,思之则活,思活则深,思深则透,思透则新,思新则进,思进则成。

作为新时期的体育教师,不仅要有极强的专业素质和教学组织能力。在当前体育学科广泛不被重视的大背景下,还要根据体育人特有的优势,与各级行政领导及各部门建立良好的关系,取得更加广泛的支持和帮助,提高自身及学科地位,更好地发挥学校体育教师和学科的作用。

第二章 体育课中师生如何更好地沟通

新课程改革强调教师与学生的双向沟通。从体育教学的角度而言，教学过程中,师生间口语与非口语的互动、肢体上的接触均较其他科目频繁且多样化。那么,师生关系的好坏将直接关系到教育的成败。因此要与学生建立良好的人际关系,在沟通过程中,使学生受到情绪上的感染、思想上的震撼,这对提高体育教学效果十分重要。所以,在有效实施新课标中,教师掌握师生关系沟通技巧,就成了提升体育教学效果的重要指标之一。师生沟通的技巧主要体现在情感沟通、信息沟通和意见沟通三个层面上:

一、情感沟通

师生良好的情绪状态对课堂教学具有促进作用,而不良情绪则对课堂教学有极大的破坏作用。新课标所营造的和谐、平等与互动的育人环境有利于产生积极的正向情感,符合师生双方沟通的意向。

(一)积极的意愿与教师个人的态度调适

师生沟通必须双方都有积极的意愿。处于教学主导地位的教师对个人态度进行调适,对双方沟通起着主要作用,其沟通技巧具体体现在三个方面。

(1)保持好的心情。体育教师工作复杂而劳累,有时实在令人难以挤出一丝笑容来面对学生,也常因为个人的状况而难以掌控自己的情绪,在盛怒或烦躁之下,极易发生冲突。事实上,拥有一个好心情走进课堂,常常会从中找到自己和学生的优秀之处。试着每天提醒自己带着好心情来到学校,相信和谐、融洽、轻松的师生关系会感染大家,相信学生会对体育运动更加喜爱。

体育教学场景

(2)给予爱与关怀。身为教师我们通常能够很大方地给运动素质好、表现优异的学生积极的爱、支持与鼓励;对运动素质较差及令人头痛的学生常常是挑剔和指责;对于表现平平的学生则把他们放在无须多加照顾的领域。事实上,被爱与被关怀是每个人最基本的需求,对每个学生来说,他们都希望得到正向的爱与关怀。

(3)保持弹性,创造幽默。师生相处需要一些润滑剂,坚持立场容易让双方关系卡住,此时教师如能加入一些幽默的言语,则可缓解紧张的气氛,增加师生关系的弹性。

(二)对话与理解

新课标确立的以教师为主导、以学生为主体的平等、合作式的新型师生关系,强调的是教师与学生之间不能是教训与被教训、灌输与被灌输、征服与被征服的关系,而应是平等的、对话式的、充满爱心的双向交流关系。通过这个对话的过程,教师和学生要达到一种主体间的双向理解,教师不再是凌驾于学生之上的唯一权威,师生双方都是主体,双方一起探究世界、探究知识。

(三)与学生建立和谐的关系

良好的互动关系基础不应只是建立在正式的课堂教学中,虽说技能学习是体育教学的重要目的,但绝不是唯一目的。教师可以影响学生一辈子,但前提是教师与学生建立了良好的关系,且互动是以学生的感觉为基础,效果不好则对学生的影响力就很有限。例如,教师往往喜欢那些运动成绩好的学生,或对自己教学有帮助的学生;学生往往佩服示范动作优美、语言风趣或在某方面吸引自己的教师。因此,和谐关系所代表的含义,即学生信任、尊重教师,教师同样热爱学生。学生积极与教师合作,努力完成教师为他们所设定的教学目标,教学活动会更有趣。

师生关系和谐的体育课堂

二、信息沟通

体育教学中的信息沟通是师生双方信息的交流和贯通。沟通的内容主要是课堂教学中关于教学、学习及其他与体育活动有关的信息。新课标实施的目的是体现"以人的发展为本"的课程改革理念,它提供了师生共同发展的平台,在师生平等相待的情境中,师生共同面对的就不仅仅是知识和教材,而是更为广泛的现实生活。因此,在师生双方对教学内容、体育知识、协作精神、行为观念及其他方面存在认知上的差异、误区时,需要进行信息沟通。

(一)掌握传送与接收信息的技巧

有效的沟通建立在聆听后能解读传送者所想要传达的信息的基础上。其正确、清楚的传送信息方法应该是:(1)尽量使用易懂和亲善的语言及动作;(2)少用主观判断,适当情况下可做些让步,在许可范围内,给学生更多自我选择的空间;(3)试着接受学生的观点,做个细心的听众,以诚挚的态度,仔细聆听学生所提的问题,适时地给予关怀;(4)对学生及教师本身的感觉反应敏锐;(5)使用有效的专注技巧,如目光接触、表情、手势等非口语行为;(6)重视自己的感觉,注意传送者的非口语提示。

(二)对学生评价要前后一致

对待学生的行为是否一致是非常重要的,昨天可以接受学生的这类行为,到了今天,却因同样的行为而处罚学生,这样前后不一致的态度,会给学生一个错误的信息。通常被学生视为恶劣的行径,将会严重破坏师生间和谐的关系。因此,体育教师必须了解学生哪些行为是可以被接受的,哪些行为是需要立即阻止的,然后,进一步观察学生这些行为的实际表现。

(三)爱与平等

爱与平等就是要用爱心去对待每一个学生,尊重每一个学生的差异、创造性、运动能力。随着新课标的运行,教师的角色要由传统意义上知识的传授者和学生的管理者转变为学生发展的促进者、帮助者,要让学生真正成为学习的主人,成为个体发展的主人。而这所有的一切必须以"爱"为前提。教师要在学生中树立威信,但这种威信不是靠外在的管制与压迫,而是源于教师的人格、学识和智慧,从而受到学生的尊敬与向往。

(四)与学生家长和班主任建立良好的沟通渠道

家长作为生养子女,教育子女,陪伴子女成长的第一责任人,对孩子的性格、喜好、优势、劣势、追求以及在生活中所表现出来的种种特质,都有着极为深刻和权威的了解;而班主任老师作为孩子在学校学习、生活、交往等方面的第一责任人,对孩子在学校的学习和生活过程中的一切了如指掌。因此,与学生进行良好的沟通,家长和班主任老师是任课教师掌握第一手资料的重要信息来源。只有更加全面细致地了解学生,才能在与学生进行交流的时候更加顺畅,得心应手。

师生关系和谐

三、意见沟通

新课标指导下的师生之间交往更加频繁,在课程建设中学生有了更多的参与权。但是,由于年龄、性别、个性心理和认知及观念上的差异,在合作中就会存在意见分歧甚至产生冲突,当师生双方出现矛盾、进入误区时,则需要进行沟通。

教师与学生进行沟通

(一)正视冲突

冲突来自于人际互动中,当人们利益及观点不同时就会出现争执情形。冲突虽然会带来关系的威胁,但也提供了调整彼此关系的机会。在新课标指导下的体育教学实践要求教师应善于观察学生的运动心境和激情状态,观察自己在与学生合作时彼此的语言(措辞)、非语言信息(包括肢体动作、音调等)、情绪状态,通过调整实现顺畅的沟通。

(二)尊重对方

师生在面对冲突时,要提醒自己以相互尊重的态度维护彼此的面子,不要跟学生争得面红耳赤,更不要公开指责学生,强迫学生接受自己的观点。面对冲突,需要的是一份彼此尊重的心情和寻找双方兼顾的方法。教师要用自己诚挚的感情,去感化学生。只有让学生认识到教师的感情真挚,认识到老师能平等地对待任何人,他们才能自觉地参加锻炼,努力完成教师布置的各项练习任务,教师与学生才能获得情感的共鸣。任何人都希望能得到别人的尊重和理解,学生也不例外,学生得到了应有的尊重和理解,即便他的身体素质较差,不能很好地完成动作,但他也会努力去做,倾其全力,完成任务。因而,教师只有尊重和理解学生,才能得到学生的尊重和理解,师生才能齐心协力,更好地完成教育教学任务。

(三)师生要经常进行心与心的对话

沟通是维持师生情感的一条重要纽带。人的心灵大都是善良和纯洁的,而学生的心灵则更是清澈和纯洁的。这里的"对话",绝不仅仅是言语的应答,对话是真理的敞亮和思想本身的实现,它强调的是双方"敞开"与"接纳",是一种在相互倾听、接受和共享中实现精神互通,共同创造意义的活动。在教学过程中,教师要揣摩学生的心理,并且交心于学生,用一种谈心式的融洽关系去完成体育教学任务。心与心的对话还能使学生感到朋友般的安全感和信任感,这是现代体育教学不可缺少的方法之一。

师生对话

（四）体育教学中要处理好"理"与"情"的结合

教师要做到以"理"服人，以"情"动人，要广泛听取学生的意见和建议，共同探讨动作技术以及练习方法，还要鼓励学生自主地进行探究学习，教师在教学中要真心投入，用真情打动学生，激励他们参与体育教学的全过程。正确处理好"理"与"情"的关系，既加深了师生之间的理解和尊重，缩短了彼此间的距离，同时也培养了师生间的感情，融洽了关系，使教学过程起到事半功倍的效果。

（五）尊重学生个性化的学习权利

个性化的学习权利关注学生的经验和体验。学生对知识的学习和构建需要其原有的经验的支撑。学生的经验不同、需要和兴趣不同，因此应尊重学生个性化的学习权利，引起其不同的探究兴趣，这样才能促进其完满的发展。如体育项目中的做操、篮球、足球、排球、长跑……不同的学生，有着不同的身体素质、家庭背景、兴趣、爱好和个性心理特征，我们必须关注学生的个性差异，保障学生个性化学习的权利。

（六）建立师生反馈信息系统

因为体育学科的特殊性，师生间相处和交往的时间较少，教师要想了解学生信息，把握学生的思想动态，必须建立良好的信息反馈系统。具体操作方法是设立学生内探，让其全面掌握学生有什么想法，对教学有什么建议，并且将教师的想法对学生进行转达，只有如此，教师才能全面正确地了解学生的思想动态，有利于消除师生之间的由于某种原因造成的隔阂和误解，促进师生之间情感的交流，从而更加有效地完成体育教学任务。

（七）指导身体素质较差的学生进行锻炼

任何客观事物都存在差异，学生的运动成绩也有好、坏之分，教师在教学中对体质较差的学生不能一味地训斥，更不能施以体罚。训斥或体罚是教师无能的表现,也意味着教师思想教育的失败,我认为最有效的办法是和学生真心而诚恳地交谈,让学生找出自己是否努力了?努力的程度怎样?还要鼓励学生勇敢地面对现实,正视自我存在的不足,从而寻找出解决问题的最佳办法。有一名农村学生,因家庭经济条件等原因,身体素质一般,但他非常喜欢排球运动,加之他有一定的身高,我们就鼓励他参加排球队体育训练。另外,在教学过程中教师还可以使用以下方法:(1)在设计教案过程中,教师要准备充分,结合本地区、本校学生特点,多安排一些与本课特点相适应的游戏内容练习,激发学生学习兴趣,完成体育锻炼任务。(2)教师要恰当地运用幽默的语言,有效地调节课堂气氛,使学生有适度的兴奋状态,保证教学形式的诙谐和有趣,让学生在欢乐的气氛中锻炼身体素质。(3)学生在练习中教师要做到多表扬、少批评,常用鼓励性语言激发学生不断参加锻炼,如"你做得很好""这次还不错""大有进步""再来一次"等激励语言,增强学生对体育的兴趣和爱好,从而喜爱上体育课。(4)教师在教学过程中多参与学生练习,使学生能在愉悦欢快的气氛中不知不觉地提高运动成绩。(5)课余活动时教师应多与学生聊天,广泛接触和了解学生,让学生感到教师平易近人,有利于师生关系的融洽,促进教学工作的顺利开展。(6)教师还要善于发现学生的优点,运用培优补差的方法,最大限度地发展学生的潜能,并且坚持进行业余训练,因材施教地提高学生运动技能,促进学生竞技水平的不断提高。

总之,作为一名合格的体育教师,要不断提高自身的素质,使学生尊重你、敬佩你,对体育教学过程中的方方面面都要投入情感,并且要注重优化学生非智力因素结构,培养学生科学锻炼方法和良好的学习习惯,提高学生的综合素质,进一步提升其创新精神和实践能力。

第三章　体育教师专业发展

20世纪80年代以来教师的专业化和专业发展逐渐成为人们关注的焦点,特别是新课程改革以来,体育教师的专业成长发展已成为当前教育行政部门,学校教育学者、专家、教师都在共同研究的课题。这对更好地提升体育教师的专业水平,加速体育教师的专业发展,推动体育新课程改革向纵深发展,促进青少年儿童的健康成长,对体育教师专业发展的概念、途径、策略进行系统的研究,具有重要的理论与现实意义。

体育教学活动场景

一、教师专业发展起源

1966年,联合国教科文组织与国际劳工组织在"关于教师地位的建议"中提出:应当把教师职业作为专门职业来看待。1980年世界教育年鉴,又以教师专业发展为主题,多次召开国际教育会议,深刻研究理解教师专业发展的含义。教师专业发展更多是从教育学维度加以界定的,主要指教师个体的、内在的专业化提高。从那时起,许多发达国家便开始把教师专业化,作为教师教育发展的方向。

二、体育教师专业发展含义

体育教师专业发展主要是指体育教师为提升专业水平与专业表现,经自我抉择所进行的各项活动与学习历程,以促进体育教师专业成长,提高教学效果,及学习效能的过程。由此可见体育教师专业发展包含以下三层含义:第一,体育教师的专业特性;第二,体育教师成长的过程与结果;第三,体育教师专业发展的关键是教师自身的信念和内驱力。

三、体育教师专业发展的特征

1. 自主性:通过教师自身的信念和内驱力系统地自学;通过研究其他教师的经验,在教学中检验已有的理论。

2. 阶段性和连续性:专业发展有发展、有停滞、有低潮的阶段特点,又有连续性的要求,因此需要终身学习。

民族特色体育教学

3.情境性:教师的知识与能力是依靠个人智慧和对教学的经验、感悟而获得的。

4.多样性:教学工作的复杂性决定体育教师专业结构的复杂性,从而决定了教师专业发展的多样性。

四、体育教师专业发展的途径

1.初级教师(具有专业知识与运动技能阶段)

初级教师是指第一年走上学校体育工作岗位的体育教师。作为一名初级体育教师,最基本的条件就是必须具有学校体育教育教学的专业知识与运动技能。这是最基础却也是最重要的。一个连一般体育专业知识都不清楚,体育教材内容的动作示范都难以完成的体育教师,是很难承担中学体育教学工作的。这一阶段的体育专业知识与运动技能主要通过职前大学专业学习和体育教学实习获得的。入职后主要通过学习新课程标准,对学校体育环境的适应以及与体育教研组老师的相互指导学习而加强。这种指导,有助于激发和强化体育教师专业成长的主体生长性,有助于体育教师丰富专业知识和教学智慧,初步奠定体育教师的专业发展基础。

武术教学

2. 二级教师以上（具有教学技能阶段）

这个阶段体育教师专业发展重点是掌握体育课堂教学技能，能够根据新课程标准科学、合理地制订各类体育教学工作计划，设计教学实施方案和计划，能根据学校校本特点、学校体育教学资源、学生的实际选择教学内容和教学方法组织教学。能够激发学生学习动机和兴趣，能重视适应具有不同运动能力学生的差异性教学，并能通过向学生传授运动技能而使学生学会技能、提高体能，培养学生良好的体育道德和精神，达成教学目标。这个阶段的教学技能和体育教学组织能力的提高是靠教师的钻研精神，钻研"课标"、教材内容，通过阅读专业杂志、专业网站等收集有关教学资料，靠向同行同组老师学习模仿，靠教师自己不断地进行教学反思、积累经验、逐步提高的。因此教师具有虚心好学、吃苦精神和悟性很重要，教研组营造良好的教研学习氛围也很关键。

3. 一级教师以上（具有独当一面能力阶段）

这一阶段体育教师已具备了体育教师所需的专业知识与运动技能，已经拥有体育课堂教学技能，对课程目标的科学、合理分配，教学目标的确定，教学内容、教学方法和组织形式的选择，以及怎样组织实施教学都有自己的方法和策略。体育教师能不断学习现代教育教学理论，掌握现代教育技术手段，有选择地应用他人的教研成果和方法，使自己的教育教学水平日趋完善提高，成为学校体育的中坚骨干力量，具有独当一面独立工作的能力。例：能在省、市评优课中获奖，能承担并较好完成九年级体育中考教学任务，能带好一个校运动队，能分工负责组织好群体活动工作，能独立撰写有质量的教育教学论文，能担任某一项目等级裁判等等。这阶段的专业能力，是靠教师积极参加各级各类省、市、校教研活动和培训，观摩省、市公开课，参加省、市教师基本功竞赛、评优课、公开课，在撰写教育教学论文等活动中不断学习所获得的。

4.高级教师以上(具有创新意识成为优秀体育教师阶段)

在完成1、2、3阶段积累后,就进入了具有创新意识的优秀体育教师阶段。这个阶段体育教师已不再局限于模仿和经验积累,他们能不断地学习现代教育理论,会将先进的教育思想理念、方法上升到理论层面上去理解。他们锐意改革创新,勇于走自己专业发展的特色之路,敢于超越自己。他们能用理性的目光和主人翁的姿态去审视新课程改革,审视体育课堂教学改革方向、脉络。他们敢于探究实践,敢于拓展教材,敢于创新教法,能积极参加教科研活动,能主持和参与市、校级课题研究,从而不断优化自己的教育教学行为,逐渐把教学技能和运动技能融合成为教学艺术,使自己课堂教学水平达到新的高度。

5.学科带头人到特级教师(能力出类拔萃成为体育学科领衔教师阶段)

在完成前4阶段后,教师自身不断努力学习积极进取,具有教学、训练、科研能力相结合的综合优势,逐渐具备出类拔萃的能力,进入体育学科领衔教师阶段。

①能使体育教学内容成为育人的载体,通过学校体育教学使学生德智体全面发展,在课堂教学中能逐步形成自己的教学风格;

②能根据学校资源创新校本课程和教材;

③能主持省、市级课题研究工作,撰写出高质量的论文并在省级以上刊物发表或获奖,主编或参编体育专业著作和教材;

④能训练出高水平的运动队或运动员,使其在省级以上比赛中获奖;

⑤能传、帮、带出一个优秀教研组和一批青年体育教师,使自己的专业水平和事业成果达到炉火纯青的新境界。

通过对体育教师专业成长的发展阶段和途径的分析研究可以得出结论:为了更好地促进广大体育教师加快专业发展,可采取积极主动、针对性的策略,使体育教师稳步走上专业发展的成功之路。

五、促进体育教师专业发展的策略

自我分析

1.自我回答,确立目标。

2.我在哪里?分析职业生涯的位置。

3.我是谁?目前的角色。

4.我将成为什么样子?希望有哪些成就。

5.我的工作理想?

6.目标导向职业生涯:在职业生涯中,什么做得好,什么做得不好?需要什么?拥有什么资源?现在应该停止做什么?开始做什么?我的职业生涯的长期目标是什么?

(一)坚定体育教师信念,增强专业发展内驱力

体育教师信念是指教师对有关学校体育教与学现象的某种理论、观点和见解的判断,它影响着教师专业发展的内驱力和教师教育教学行为。

体育教师在专业发展过程中,各种信念之间相互接纳、紧密联系,形成一个具有个人价值意义的信念系统。确立成熟的、科学的教师信念,是体育教师专业发展过程中质的飞跃。例如,北京市体育特级教师韩玲老师三十多年执教不离操场,但她无怨无悔,这种动力对于体育教师,尤其是一线女体育教师而言是难能可贵的,韩老师的信念就是,"热爱就是我的动力,热爱使我保持着对职业的新鲜感,我感谢这些活泼可爱的学生们"。又如广东省体育特级教师彭佩华老师将"努力成为孜孜以求的学习者"作为自己的信念,坚定地认为"牢固的敬业乐业思想,过硬的专业技能和强烈的工作责任心是优秀体育教师的必备条件。"从教二十余年,彭老师不断充实、完善自己,在坚持利用业余时间阅读教育教学理论专著的同时,积极主动地参加各类体育教师培训班,学习先进的教育思想和理念。因此,教师在具备了坚定的信念之后,才可能有良好的工作态度与钻研精神,才会在教学训练中勤奋工作、努力探索,从而实现自己

崇高的专业发展的理想。

体操教学场景

(二)制订体育教师专业规划,明确专业发展的奋斗目标

体育教师的自我专业发展规划是指教师通过制定发展目标,确定实现目标的手段,以得到不断发展的过程。要求体育教师在对主、客观条件进行测定分析和总结研究的基础上,对自己的兴趣、爱好、能力、特长、经历及弱点、不足方面进行综合分析与确认,综合学校、学科、时代特点并根据自己的实际情况确定最佳奋斗目标,并为实现这一目标做出行之有效的安排。因此教师专业发展规划确立得是否合理有效,关键在于个人的专业发展目标、努力程度,与学校提供的条件与机会能否实现最佳配合。具体的体育教师专业发展规划要点:

1. 对自己作出恰当的、正确的评估;

2. 对外部环境进行客观的分析;

3. 对自己的专业发展阶段如实地审视;

4. 确定自我专业发展的近期目标、远期目标;

5.确立行动规划;

6.不懈努力,执行行动策略;

7.自我定期进行专业发展规划总结反思;

8.及时有效地调整自我专业发展规划。

做事没有计划、没有条理的人不可能取得优异成绩,确立体育教师专业发展规划,有助于教师完成专业发展的奋斗目标;有助于教师实现高层次激励需要,挖掘教师自身的潜能;有助于教师消除职业倦怠的现象,增强实现专业发展目标的自觉性;同时有助于教师抓住主攻重点,少走弯路,增大专业发展成功的机率。

(三)坚持专业发展的自我评价反思,促进体育老师的可持续发展

俗话说人贵有自知之明,体育教师在专业发展的过程中,坚持不断地对自我专业发展进行评价与反思是体育教师专业成长可持续发展十分重要的策略之一。体育教师专业发展的自我评价反思是一个复杂的多边系统,涉及的内容比较广泛,层次也比较多,可进行多方面的横向比较,也可进行自我发展的纵向比较,并将量化评价与质的评价相结合,既经常合理地对自我评价,同时也要关注同行对自己的专业评价,以此构建全方位、动态性体育教师专业发展评价反思系统框架,促进体育教师专业发展的完善与优化。具体方法如:体育教师专业发展档案袋评价反思法和体育教师专业发展教育教学日志法。

1.认真做好体育教师专业发展档案袋

体育教师专业发展档案袋是用来记录教师专业成长全过程的作品展示集。记录体育教师的成长过程,展示教师的个人素质与工作成果。促进教师积极、主动地进行自我评价反思,发现并诊断专业成长中存在的问题并及时修正,同时促进教师体验成功、不断进取,加快专业发展的进程,为有专业发展理想的体育教师形成具有个性的教学风格,建立自己的网站、博客打下坚实的基础。

体育教师专业发展档案袋内容：

序号	内容	体育教师专业发展档案袋
1	责任履行	个人基本信息,个人网站、网页、博客,个人专业发展规划、近期、远期奋斗目标,参加学术团体及任职情况。
2	教育管理	包括担任班主任、辅导员、教研组长、校级中层以上管理工作情况。
3	专业荣誉	各类职称证书、荣誉称号、各级教育教学奖励名称、获奖证书。
4	教学类	教学工作情况,教学班级记分册、学年、学期、单元课时计划、公开课、评优课开设情况、案例分析、评价记载、听课笔记、教学目标、录像图片等资料。
5	竞训类	担任省、市、校运动队训练记载,运动员名单,获奖情况,担任省、市级各项比赛裁判工作。
6	教科研	主持与参与课题研究材料,撰写教育教学论文、案例、发表或获奖论文证书等,校本课程教材开发教科研成果。
7	课外活动	《国家学生体质健康标准》测试达标率、优秀率,组织学生课外体育活动、大课间活动情况记载,指导社会社区体育活动兼职情况。
8	学习的论著、论文	学习的专业论著、期刊论文、读书札记和读书心得笔记。
9	教师培训	参加各级各类专业培训学习,继续教育情况、培训的证书、考核结果等,例如英语、计算机考试等。
10	指导青年教师	师徒结对情况、指导青年教师情况绩效。
11	专题讲座	承担省、市、校际、本校有关体育教师专业发展专题讲座。
12	阶段评价	教师进行自我阶段性评价,学生、家长和同行阶段性评价,学校领导的阶段性评价等。

2.坚持写好体育教师专业发展教育教学日志

体育教师坚持做好教育教学日志,有助于教师优良专业精神的形成,有助于教师实现专业自主发展,也是充分挖掘体育教师自己专业发展资源的主要方式。

教育教学日志是体育教师对每天或每周教育教学工作的总结反思,也包括对教育教学工作体会或者自身教育理念中出现的问题进行记载并分析反思、积极寻求解决对策。苏霍姆林斯基曾说过:"我建议每位老师都来写教育日记,教育日记是一笔巨大的财富,写教育日记让教师终身受益。"因此认真写好体育教师教育教学日志,有利于提高教师专业精神、专业价值与功能的充分发挥,提高教师的问题意识和教育教学研究能力,培育教师不断自我反思、自我调节、自我促进,能充分挖掘自己专业发展资源,独立解决教育教学实践中遇到的各种问题,真正使教师实现专业自主发展。

写好体育教师专业发展教育教学日志

体育教育教学日志内容：

（1）在每天或每周快结束时认真记下自己教育教学日志。

（2）写日志的时间与事件发生的时间。

（3）对某一时间段中所发生事件做概括性记录。

（4）对成功的、令人鼓舞的事件或对失败的、不满意的事件进行深入分析、反思与感悟。

体育教师培训现场

体育教育教学日志形式：

（1）主题式日志

（2）教育式日志

（3）教学式日志（课例）

（4）专业随笔式日志

3.积极开展教育教学研究，促进体育教师专业发展

新课程要求每一位教师都应该既是教育者，又是研究者。因此，体

育教师只有积极开展教科研活动,真正将教科研根植于自己教育教学实践中,才能有效加快体育教师专业成长和发展。一线体育教师参加教科研活动,实际上是要求在更高的水平层次上展开教育教学活动,即从强化日常体育教育教学中蕴涵的科研成分着手,以科研的思路去重新审视教学过程,发现问题,思考问题,研究问题,形成解决问题的策略,并通过教育教学实践,使其得到验证与完善,从而使体育教学逐步向最优化方向发展,同时使自身的专业素质得到提升与飞跃。

体育教师专业发展需要教师具有内驱力、毅力和持久力,更需要具有目标、途径和策略,要在创造自己人生价值的基础上,提升教师专业精神,在体育教师专业发展奋斗中,追求体育教师的职业幸福。

第四章　体育校本教材的初步探索

体育教学活动场景

一、问题的提出

　　体育课程的改革是学校体育改革的核心。新中国成立六十多年来，我国基础教育体育课程的改革取得了很大的成就。例如，体育课程对学生的体质状况改善发挥了重要作用。各地建立了一套较为完整、规范的体育课程管理体系，教材选择性加大，教材多样化有所体现，教材质量逐渐提高，并在教学实践中积累了一些注重学生主动、积极、快乐学习的成功经验。

　　随着时代的发展和社会的进步，现行体育课程的一些问题也逐渐地凸显出来。例如，体育课程中教育观念滞后，阶段体育观、体质教育观、竞技体育观已经不适应时代发展的要求和教育改革的需求；体育课程内容与学生的身心特点需要及社会生活脱节,难以激发学生的学习兴趣,难以与终身体育接轨;体育课程的实施过程以教师为中心、以竞技运动为中心、以发展身体素质为中心,使学生的主体性和创造性难以发挥;体育课程学习评价过分注重学生的体能与运动技能,评价标准"一刀切",采用绝对性评价,导致不少学生对体育课产生害怕,甚至厌恶的情绪;体育课程管理过分集中,不能适应我国各个地区、不同学校经济、教育和体育发展的实际与需要等。

学校体育课程改革的历史告诉我们,随着学校教育的不断发展,体育教材的更新速度也在加快。体育教师要在总结我国体育课程改革经验和自己的体育教学经验的基础上,更新观念、与时俱进,以适应学校体育教学改革与发展的需要。

体育教学场景

二、体育校本教材的研究

(一)体育课程改革与体育校本教材

《体育与健康课程标准》是国家教育主管部门制定与颁发的对中小学生在体育与健康素养方面所应达到水平作出规定的基本文件,它体现了国家对各个学段的学生在运动参与、运动技能、身体健康、心理健康和社会适应能力等方面的基本要求,同时它也具体规定了体育与健康课程的性质、目标以及内容标准等,并提出了教学与评价的建议,是各地编写教材、教师实施教学、对学生学习成绩进行评定的依据。

体育教学场景

《体育与健康课程标准》提出的体育与健康课程改革总目标是:"提高学生身体和心理的健康水平,促进学生全面和谐地发展,为培养社会主义现代化建设需要的高素质劳动者服务。"为了实现这个总目标,我们需要正确理解体育与健康课程的基本理念,其主要包括以下六个方面。

体育教学场景

第一,倡导全面和谐发展的教育。改变现行体育课程过于注重运动技能传授的倾向,强调形成积极、主动的学习态度,使获得基础知识与基本技能的过程同时成为学会学习和形成正确价值观的过程。

第二,建立新的课程结构。改变现行体育课程结构过于强调学科本位、内容过多和缺乏整合的现状,以适应不同地区和学生发展的需要,体现体育课程结构的均衡性、综合性和选择性。

校本教材——独轮车

第三,体现课程内容的现代化。改变现行体育课程内容"难、繁、偏、旧"的现状,关注学生的学习兴趣和经验,注重培养学生终身体育的意识和能力。

第四,促进学习方式的变革。改变现行体育课程的实施过于强调接受学习、机械训练的现状,关注学生的个体差异和需求,倡导学生主动参与、乐于探究、勇于实践,培养学生获得新知识的能力、分析和解决问题以及交流合作的能力。

第五,形成正确的评价观念。改变现行体育课程的评价过分强调运动成绩和过于注重甄别功能的现象,发挥体育课程评价促进学生发展、教师提高和改进教学实践的功能。

民族体育运动——舞龙

第六,促进课程的民主化与适应性。改变现行体育课程管理过于集中的状况,实行国家、地方、学校三级课程管理,增强体育课程对地方、学校和学生的适应性。

根据有关专家分析,这次体育课程改革突出地表现在三个方面:一是课程结构的重新建构,二是教学理念的变化,三是建立发展性课程评价体系。通过讨论我们认为这些基本理念既是这次体育课程改革的指导思想,也是制定体育校本教材的理论依据。

(二)体育课程结构与体育校本教材

体育课程结构是构成体育与健康课程的各个部分及其相互之间的配合,它是根据体育与健康课程的教学目的建立的。新中国成立以来,随着对体育课程目标认识的深化,体育课程结构体系经历了一个不断发展的阶段。

第一阶段,全国统用的和单一的体育课程体系。1956 年编定的新中国第一部《中学体育教学大纲》,就是以发展人体基本活动能力和锻炼身体为目标进行教材分类的。

第二阶段,基本教材和选用教材相结合的体育课程体系。1961 年制定的《中学体育教学大纲(初高中合用)》,确定了统一性与灵活性相结合的原则,确定了基本教材和选用教材相结合的课程体系。基本教材为主要教材,选用教材可根据具体条件灵活选用,所占的比例为总课时的 20％～25％。到 1978 年和 1987 年编定的《体育教学大纲》同样沿用了这一课程体系,值得注意的是选用教材比重明显增加。

第三阶段,必选内容、限选内容和任选内容三部分相结合的体育课程体系。1997 年《高中体育教学大纲》明确提出:"学科类课程内容分为必选内容、限选内容和任选内容三部分。"任选内容可作为必选内容、限选内容的拓宽和加深,也可以是其他有效实现体育教学目标的各种项目,所占的比例为总课时的 20％。

师生互动的体育课堂

　　2002年新编的《体育与健康课程标准》吸收了1997年《高中体育教学大纲》课程体系的优点。课程内容包括必修内容和选修内容。加大了选修教材的比重,选修内容所占的比例分别为总课时的40％(小学)、50％(初中)、60％(高中)。从而给地方和学校留有较大的灵活性和选择性。这既有利于体育教师根据实际情况开展丰富多彩的活动,也有利于学生选择和创造性地进行学习。选修内容又分为限选内容和任选内容两大类。限选内容就是在必修内容的基础上,由学校根据学生的爱好和需要,结合学校的实际情况,从大纲规定的限选内容中选定一至两项内容。任选内容则是由学校根据自身情况自由选择的教学内容。这些内容可以包括民族、民间传统体育项目、现代科学的健身方法、新兴的体育项目、必修内容的提高与拓宽和由学校置换的其他内容。

乡土特色体育教材

从体育课程结构体系的发展我们可以看到,体育课选修内容在逐步增加,体现出体育教学在向实用性和灵活性发展。因此,要求中小学体育教师提高学校体育专业的修养,深入钻研体育教材,分析学生身体和心理方面的需求,在体育教学中选用适宜的教学内容,从而提高体育教学的水平。

(三)体育课程管理与体育校本教材

《体育与健康课程标准》对体育课程管理也做出调整。国家放宽了对中小学体育课程统一管理的硬性规定,实行国家、地方和学校的三级管理体制。这样做既有利于国家的宏观指导,也有利于地方和学校实施课程的自主性和选择性,从而实现了体育课程统一性与灵活性的结合。这将推动中小学体育与健康课程的建设和发展,从而形成"一标多本"的局面。

我国地域辽阔,不仅地形地貌差异明显,经济和教育的发展也不平衡,各地人民生活和文化习惯也各不相同。因此,国家制定的《体育与健康课程标准》就充分考虑到我国的国情、教育和社会习俗等方面的差异,力求使课程标准具有广泛的适应性。《体育与健康课程标准》根据青少年身心发展的特征和需求,仅仅是提出了学生在不同阶段的学习目标,而并非提出"事无巨细"的教学任务和教学内容。它所提出的学习目标是面向全体学生的,并保证95％以上的学生经过自己的努力或在教师的指导下能够达到学习目标。另外,它所提出的实施建议也仅仅是建议性的。因此,地方和学校完全可以根据当地的具体条件和学生的情况制定切实可行的体育课程实施方案。

综上所述,新编的《体育与健康课程标准》提出的体育与健康课程改革的基本理念是需要我们深刻理解、逐步落实的。从中我们可以感受到,体育与健康课程的改革是一个系统工程,这次的改革是全面的,也是前所未有的。对于我们制定体育校本教材具有十分重要的指导意义。

三、体育校本教材的试验

（一）体育校本教材的选定

下面是上党高级中学进行体育校本教材试验的全过程。为了选定体育的校本教材,该校体育组教师先研究了选定原则:遵循"健康第一"思想,按照体育与健康课程改革的基本理念,根据上党高级中学场地、器材和教师等方面的具体情况,分析学生体育的爱好、锻炼的兴趣、学生的接受能力,选择符合学校条件、适合学生的身心特点、具有学校特色的体育校本教材,同时借鉴其他学校的先进经验。从而保证课程标准涉及的必修内容比较完整地得到执行,同时又使学校体育教学开放搞活,确保学生受益,避免放任自流的现象发生。为此,各位体育教师集思广益,博采信息,开展调查,进行了分析。

踢毽子

在 2002～2003 学年开学以后,学校体育教师结合宣传、贯彻《体育与健康课程标准》,组织了对学生的问卷调查,包括学生对体育喜好的调查和学生对现行的体育教材内容喜好程度的调查。调查采用每个年级随机选择一个班级学生的方法,经过初步的统计分析我们可以得出以下结论:大部分学生喜好体育,但对于体育课和体育课外活动教学内容和组织方法有不同看法。

综合各种因素,学校选定了校本教材的项目,具体制订了教学和训练的计划。

(二)体育校本教材的实施

中学实施体育校本教材的指导思想是:以制定体育校本教材为突破口,以引导学生产生运动兴趣、促进学生主动参与体育活动为着眼点,以增进学生身心健康为目标,从课外活动开始,带动体育课内外、学校内外的活动。为此,确立了试验体育校本教材的实施步骤,确定了体育教师的分工。

通过一个学年度的体育校本教材的试验,对体育课和课外活动的内容和教学方法进行调整,有助于体育校本教材得到有效的宣传和推广,较好地调动了学生锻炼的积极性,促进了他们的身心健康。体育校本教材的推广受到许多学生、学生家长的欢迎和喜好,篮球运动也得到了更广泛的普及和提高。

课间操场景

通过研究与试验我们感到,体育教师要与时俱进、更新观念,以高度的责任感和使命感,积极投入到学校体育的改革中来。要大力开展体育教学研究,丰富专业理论知识,提高体育教学的水平,形成学校的办学特色和个人的教学风格。在校本教材的试验中,校领导的高度重视,体育教师的周密组织学生的充分配合,班主任的积极工作、学生家长的大力支持是我们这次试验取得成功的经验,大家的相互理解和协作是我们做好工作的基础。

学生在运动

四、结论和建议

第一,《体育与健康课程标准》的实施,为我们选定和实施体育校本教材提出了新的要求。体育教师要认真领会体育与健康课程改革的内容和意义,抓住机遇,更新观念,与时俱进,积极开展体育校本教材的研究工作,以适应学校体育教学改革与发展的需要。

第二,要按照"健康第一"的指导思想,选择符合学校条件、适合学生身心特点、富有时代特点、具有学校特色的项目作为学校的体育校本教材。

第三,体育校本教材的研究取得了初步成功。试验证明,实施校本教材有助于学生了解更多的体育锻炼知识,掌握科学的练习方法,培养他们对体育运动的兴趣,形成终身体育的能力。但由于研究试验的时间较短,还有待于深入研究,继续试验,进一步完善。

第四,体育校本教材的研究工作需要领导重视,师生团结协作,学校统筹规划,长期实践,形成学校的体育特色。

第五章　浅谈如何提高体育课堂教学有效性

　　教学的有效性,即教学活动达成教学目标的有效程度。有效体育教学的核心就是要有教学效益,即在教学目标的引领下,学生在原有知识层次、身体素质、运动习惯上均取得一定程度的提高和发展,因此,学生有无进步或发展是教学有效性的重要指标。同时,教学的有效性受师生

课间操场景

双方的教与学的态度影响,如果学生不想学或者没有意愿,即使教师教得很辛苦、很认真,教学效益也不会得到体现,同样如果学生学得很辛苦,但教师的教没有逻辑、不符合学生认知规律,学生没有得到应有的发展,也是无效或低效教学。综上所述,在体育教学中,体育教师必须要遵

循学生的年龄特点、兴趣取向以及动作技能的掌握规律,充分调动学生的学习兴趣,紧紧抓准动作技能教学的特点,贴近学生的学习兴趣,巧妙、灵活地进行教学组织,才能真正地调动起学生的学习积极性,加快学生掌握动作技能的进度,充分体现课堂教学的有效性,使体育教学高质、高量的完成。

1. 学生兴趣的调动

兴趣是最好的老师,是人们力求认识某种事物的心理倾向,也是参与学习的强大动力。一个对体育课不感兴趣的学生,他会因为体育活动需要付出很多的体力,而产生苦、累的感觉;反之,如果他对体育课有着浓厚的兴趣,学习中必然精神饱满、积极主动,锻炼效果也一定会很好。如果学生没兴趣,练习积极性必然不会高涨,教学有效性也就无从谈起。"只有在学习获得成功而产生鼓舞的地方,才会出现学习兴趣"(苏霍姆林斯基)。我们老师要想方设法让学生获得成功,体验成功,让他们体验到参与运动而获得的成功的乐趣,感受由成功带来的认知上深层次的快

趣味体育活动

乐。因此,教师在组织教学之前,一定要根据学生的心理特点和兴趣取向,合理地选择教学方式和教学方法,调动学生的练习积极性,让学生主动地参与到学习中来。如:低年级——故事和情境,中年级——游戏和比赛;高年级——探究和合作。同时,由于学生的认知水平不同,学生在动作掌握上会存在理解和进度上的差异,因此,在练习组织和练习难度上要有所区别,让每个学生都体会到成功的乐趣,并且在相应的水平上均有所提高。如练习时可以分为:解决难点动作组、完整动作练习组、拓展创新组;练习难度可以分为:降低难度组、标准练习组、表演、升华组,通过学生自身的努力和练习,体会到自己的成功和进步,学生在获得成

跳大绳

功喜悦的同时,又会转化为进一步学习的强大动力。我们要面向全体学生,关注个别差异,保护他们的积极性,激发他们对成功的渴望,给他们鼓劲,帮他们树立信心,精心培育他们的体育运动兴趣。反之同学的讥笑、老师的歧视,则会改变学生的兴趣发展的"方向标"。使每个层次和

阶段的学生都有自身发挥和提高的空间,有利于学生学习兴趣的调动,使学生全身心地投入到教学中来,确保教学的有效性。

2.教学目标中的区别对待

俗话说,"凡事预则立,不预则废。"体育新课标以"五个领域目标"统领,按年级分为三个水平段,使得体育课有明确的目标要我们体育老师来实施。如果我们工作中不能克服懒散、随意的作风,每一节没有明确的目标,或是制定了目标不能去很好地落实,提高体育课堂实效性只能是一句空话。教学目标的制定是否科学合理,直接影响到课堂教学效果。新课程理念下的备课应从传统的"以教师怎样教为主的备课",转变为"以学生怎样学为主的备课",制定的目标要以学生的切实需要为基础,要具体但好操作,重点要考虑学生怎么样学,学得怎么样。教学目标的制定要明确而具体,便于操作,便于检阅,让观摩者在观摩时知道你到底有没有完成预定的教学目标。教学目标的制定要包含多数学生的掌握情况,更要关注个体差异,涵盖少数学生的掌握情况。具体而言,教学目标首先应该体现多数同学需要完成的共同目标,做到面向全体学生,这是基础教学目标的体现,是所有同学都必须达到的一个高度;其次,根据学生的认知水平与能力差异,顾及弱势群体以及高能力的学生,针对他们的"现有发展"和"最近发展",制定符合他们能力的教学目标,形成课堂教学的保底目标和较高目标,根据学生的不同能力,达到不同的目标,即要做到因材施教:对于身体素质较好的学生,教师要对其能力进行发展和提高,形成一定的运动特长;对身体和运动能力稍差的学生要使他们在原有基础上发展和提高,身体素质获得较好的发展;要特别关心和照顾好有心理障碍、体弱或有生理缺陷的学生,可以引导他们简单掌握动作方法,初步完成动作。评价时,根据学生练习时的掌握情况,便可以清晰地分析出教学目标的制定是否有效合理。

学生参加体育活动场景

3.运动习惯的培养

每节体育课都是对学生良好运动习惯的培养,根据课的不同结构,科学合理的安排不同的内容,发挥不同内容的功效,使体育课堂教学紧凑、连贯、具有时效性,这样,既培养了学生正确的运动意识,又在长期的学习中学会了正确的运动方法。在对课堂教学实效性评价时,教学准备活动是否具有针对性,热身是否有效,技能学习方法是否遵循了循序渐进的原则,是否符合运动技能掌握规律,放松活动是否可以调节学生的心理、生理负担,能否起到放松的作用,这些因素不仅起到学生运动习惯培养的功效,同时也决定了体育课的科学性、规范性。如体育课的热身活动,可以针对不同身体活动进行有针对性的关节及部位热身,与练习内容结合紧密,培养学生正确的热身意识。同时,也可以引导学生练习通用的热身方式:慢跑,既做到了个关节活动,又使心肺得到了一定的活动,针对任何活动做热身准备都很合适。并且,慢跑的坚持可以让学生在不断坚持过程中体会到慢跑对身体健康的好处,久而久之学生会养成喜欢慢跑的习惯。这样,既完成了本节课的任务,又对学生运动习惯进行了培养,使学生掌握正确的运动规律,及时和长期效果均在这些内容中得到体现。

排球运动(漫画)

4.教法运用分层递进

体育教学教无定法,贵在得法,不管采用何种方法,关键取决于是否有利于学生快速、准确地掌握运动技能,因此,在体育教学中,教师运用的教学顺序是否符合学生学习规律,是否便于学生学习掌握知识;教学方法是否可以提高学生的动作质量,发展不同学生的能力;各种教学手段是否可以促进学生完善动作、纠正不足;教学预设是否符合学生现实,是否具有针对性,都是教法运用评价的重要指标。教学过程中应很好地利用上课的时间与空间,利用一些辅助性练习和诱导性练习,帮助学生掌握重难点动作,进而对所学技术动作产生类比、联想,逐步通过试探练习过渡并迁移到新的教学内容上,通过教师示范、重温技能、练习,形成动作体验,最后,把某一动作进行适当引申和变化,在练习和研究中发现新知识和新技能,这样,教学时从简单的动作入手,逐步增加难度,分层递进地组织教学，是否便于学生接受，易于学生掌握，增强教学的实效性。如学习脚内侧带球：原地体会触球部位——小组触球练习——走动中带球——慢跑中带球——较快速度带球——游戏巩固；再如在支撑跳跃教学时，可以从低器械开始练习重难点动作，逐步增加器材高度，让学生适应器械，消除恐惧和为难情绪，由易到难、循序渐进地掌握动作。这样，学生有层次地练习，逐步体会、掌握动作，就会觉得学习得轻松、快乐，教学效果自然不言而喻。

5.教师的指导和调动

实现有效教学，必须依靠学生主动参与，只有学生主动参与了，才会在参与中习得知识、提高能力、掌握规律、培养情感。而学生的主动参与，来自于教师的科学安排、积极调动、适时指导。课堂上，教师的教学方式是否符合学生的心理、生理、特点；教学方法是否贴近学生的心理取向，是否可以调动起学生的学习热情；教师的调动是否以平等的态度、赏识的目光、轻松的语言，激起学生的参与热情；教师的评价是否可以激发

学生做体操场景

学生的进取意识,形成不断完善的动力,这都会影响到学生主动参与程度和教学效果。教师的作用不只是把知识技能教给学生,更重要的是进行学法指导,让学生"会学":学会学习,学会运用,这是体育课堂有效教学的核心所在。因此,教师在指导学生练习时,也要根据不同层次学生的差异,合理地安排指导时间,区别对待。首先,要调动大部分学生的热情,利用他们的学习特点,引导他们自主学习,或者借助伙伴互助的形式,合作学习,相应减少教师辅导时间。身体素质较好的学生,需要控制他们盲目自大,冒险尝试。教学时,教师要利用一定的时间进行巡视和检查,并利用课堂常规练习,引导他们进行有益、合理的尝试,避免不良事件的发生。教师的主要精力和辅导,应放在有努力空间学生的身上。针对每个学生不同的情况,调动他们的练习积极性,纠正动作中的不足,提出练习建议,引导他们掌握正确的方法,力争完成动作,以此,实现总体的教学目标。

6.合作互助的教学氛围

学生之间的互相帮助、互相学习、互相指导,是体育课堂上组织学生练习的一种重要形式,也是学生之间增进了解、加深友谊的好机会,更是学生学会与人相处、与人交流的好时机。很多体育课上的练习内容、项目要由两个或几个同学配合,共同努力,才能实现目标。在两个人或几个人的互助练习中,他们是大方的,他们是善于交流的;在集体合作性的练习中,他们是团结的,他们的荣誉感是很强的。在体育课上,我们都会有这样的感受,生生之间的鼓励与信任、表扬与帮助比师生之间的类似行为更有说服力、效果更好、作用更明显。我们教师要给学生创造机会,调动学生的积极性,营造一个良好的课堂学习氛围,让学生在相互的帮助、鼓励中学习,体验到更多的快乐,收获更多的成功。在体育教学中,一个教师要面对全班学生,特别是在纠正评价环节中,在有限的时间内,教师不可能实现对所有的学生进行评价和进行相应的技术指导,只能采取个别学生的辅导和全体学生共性问题纠正相结合的方法,这样难免会顾此失彼,导致部分学生因为缺少相应的指导,学习进度缓慢、质量不高。因此,在教学过程中必须引导学生掌握动作要领及评价方法,发挥学生的主体作用,让学生之间进行相互的评价和纠正,拓宽纠正的范围,有效提高技能教学的质量。如在教学中,教师可以挑选一批素质好、责任心强的学生,将其培养成班级体育骨干,选为小教师,帮助教师进行评价和纠正;或者,在动作讲解中,教师将评价和纠正的标准进行细化,便于学生相互帮助提高。既要形成教师指导、调动与学生质疑、发表意见相结合的"师生互动",又要形成学生积极参与、相互合作、积极评价、互动氛围,使学生在向上的学习氛围中,合作互助、积极主动地投入到课堂教学之中,教学效果自然不言而喻。

学生进行课间操活动

7.教学评价的量化分层

教学评价可以激发学生相互学习、自主评判的意识,从而促使学生主动学习,激发学生完善动作的意识。教学时,教师可以根据教学内容,以重难点动作为评价的核心内容,将抽象的评价标准以各种形式进行细化、具体化,形成便于学生掌握的评价方法,然后学生就可以针对问题,进行相应的改善和提高了。这样教师讲授评价方法的同时,也指出了改进意见。量化评价标准,利于学生的掌握和理解,更有利于学生自主完善重难点动作,促使学生自主学习、相互学习,有效增强学生练习的针对性,提高学生重难点动作的掌握质量。但不可忽视的是,学生动作技能的掌握情况受学生身体素质的影响较大,部分学生练习积极主动、踏实勤奋,但受身体素质、接受能力所限,还是不能很好地完成动作,在进行评价和考核时,教师可以转换思路,设置基础点,尊重学生的个体差异,分层考核。如在制定评价等级时,设置明确的基础评价点,强调认真听讲、积极练习的比例:优秀——认真听讲、主动练习,动作技能掌握突出,积极合作、相互帮助;良好——认真听讲、主动练习,动作技能掌握好,可以帮助同学;及格——认真听讲、积极练习,努力掌握动作要领。这样的等级设置,学生会快就会明白:即使自己的身体素质较差,但只要做到认真听讲、积极练习,也可以达到及格!从而激发起身体素质稍差学生练习的积极性,满足他们渴望成功的心理需求!

8.合理负荷与学生体质的提高

人均练习强度及学生心率曲线变化,是评价体育课成功与否的一项重要指标。体育课区别于其他课程的突出特点就是在课堂进行一系列的身体活动,把增强学生的身体素质作为评价体育课的重要指标,主要就是强调每节课学生的运动负荷要达到练习的要求。体育课程教学运用多样的教学方法,调动学生练习兴趣,均是为了引导学生脚踏实地地进行刻苦学习和锻炼,扎扎实实地掌握运动技能,起到强身健体的作用,没有一定的生理负荷就谈不上增强身体素质,就不可能是一节成功、有效的体育课。课前,教师要根据学生能力,合理安排学生的练习次数、练习时间,估计学生的运动量是否达到合理范围值,是否对学生体质提高有促进作用;或者课上学生练习后,利用教师讲解、纠正的间歇,快速计量学生 10 或 15 秒脉搏,与学生运动量曲线预计进行比对,就可以得知本节课运动量安排是否合理、有效。

9.师生之间的情感直接影响课堂教学有效性

课堂上师生之间、学生之间的语言、目光、手势等方面的情感交流,相互的帮助与指导,互相的评价与鼓励,会使课堂更具活力,会使课堂气氛更融洽、更和谐,会提高课堂的练习质量,会提高课堂教学的有效性。

体育课堂教学——垫上运动

教师是课堂教学过程中学生情感的激励者。课上教师要不断地适时地对学生参与练习情况和学习态度进行评价,发挥评价的导向作用,激发学生积极进取的情感,鼓励学生积极投入到练习中去。教师要充分利用激励手段设法让不同层次的学生展示才能,获得成功。体育教师在体育课中要针对不同问题、不同情况、不同对象,抓住时机,使用有效的、积极的教学语言对学生的学习、练习情况进行评价。教师还应善于捕捉学生的闪光点,不失时机地给予积极评价。对于学生的积极评价方式多种多样,最常用的且最容易产生积极效果的是老师的一个微笑、一个亲昵的动作、一句激励的话语、一个肯定的手势,这些都是启发学生走向成功的信号。在体育课堂上要常用"你真棒!""你能行!""再坚持一下!"等表扬、激励的语言;还要常竖起大拇指、双大拇指,用手势来夸奖、鼓励学生,还要经常拍拍学生的肩膀,摸摸学学生的头,与学生击掌……用小动作来表示信任他,给学生鼓劲。表扬与鼓励是使学生进步的重要推动力量,批评与惩戒是规范学生错误行为的重要手段。教师在坚持正面教育的同时,也应有适当的批评与惩戒。对那些特别调皮、打人、故意阻挠他人练习的个别同学,教师要根据当时的具体情况进行处理。

趣味体育活动——抖空竹

教学有没有效益，并不是指教师有没有教完内容或教得认真不认真，而是要看学生有没有学到什么、学得好不好。如果学生不想学或学生学了没有收获，即使教师教得很辛苦，也是无效教学。同样，如果学生学得很辛苦，但没有得到应有的发展，也是无效或低效教学。我们要向体育课要效益，教学必须求效果。以生为主，以"练"为本，强调实实在在的身体练习活动。要让学生在练中思考，在练中感悟，在练中探究，在练中理解，在练中表达，才能真正提高体育教学质量，从而增强学生体质，提高学生身体健康水平，发展学生能力，让 40 分钟的体育课堂出效益，提高体育课堂实效性。

课间操场景

第六章　体育课堂渗透德育教育

　　德育教育就是教师有目的地培养学生品德的活动。我国的学校德育教育大致包括三个组成部分:道德品质教育、政治教育、思想教育。其中,道德品质教育包括有诸如不怕吃苦、勇敢坚强、遵守纪律、热爱集体、热爱劳动、爱护公共财物等等品质。体育教学是学校教育的重要组成部分。体育教学是在教师的指导和学生的参加下,按照教学计划和体育教学大纲,由教师向学生传授体育知识、技术和技能,发展学生身体,增强体质,对学生进行共产主义思想道德意志、品质教育的过程。体育教学不仅能使学生增强体质,提高运动技巧和技能,而且还能发展智力、陶冶情操、锻炼意志,培养集体主义精神,增强组织性、纪律性。

拓展训练

"随风潜入夜,润物细无声",这句古诗对德育的渗透性原则作了生动形象的揭示。"渗透是在持续交往和活动中实现的,其广度、深度和强度标志着教育者个性影响力的力度。"在德育理论充分发展的今天,传统的德育灌输已为越来越多的人所抛弃,人们普遍倾向于渗透式的德育方式。德育大纲中也指出"各学科教师均要教书育人,寓德育于各科教学的教学内容和教学过程的各个环节之中",而实践表明,体育教学正是向学生进行思想品德教育的重要途径。也就是说,体育活动极大地方便了人与人之间的接触和交流,加之人与各种自然环境、操场器材的接触以及体育活动参加者本身的各种运动感受,进而产生丰富的情感和莫大的快乐和满足感,这时思想品德教育与技能教学、增强学生体质是统一的,进行思想品德教育既是教学任务,又是完成技术、技能、增强学生体质等任务的保证。

当代教育家魏书生在班级管理及学生的思想教育过程中就大量引入体育锻炼,来培养学生的吃苦耐劳、勇敢顽强、挑战自我的良好品质。就体育而言,任何一种技术的存在,其背后都有深厚的文化积淀,而体育教师正是以肢体活动为载体向学生传播体育文化的。那么作为一位体育教师更应该根据体育这门学科特点,对学生渗透德育这方面的教育,积极探讨,加强对学生的思想教育,以主动适应课程改革的需求,做到教书育人,教书育体,使德育教育在体育课堂中得到明显的体现。

一、先入为主,以身立教

古人云:"其身正,不令而行;其身不正,虽令不从。"作为教师,除了有良好的专业技能外,还要有强烈的敬业精神和崇高的思想品德情操。端庄的仪表、健壮的体魄、和蔼的态度在体育教学过程中会给学生留下深刻印象,甚至是终身难忘的印象,它对于学生思想品德的形成可以起到先入为主和潜移默化的作用。

体育课堂教学场景

"身教重于言教",教师不应忽视自己的"师表"作用,一个教师要教育学生具有高尚的人格,自己必须做到言行一致,表里如一,以身立教。例如:从上课开始,"同学们好!"(教师深鞠躬一个)"老师好!"(异口同声),这样一个小小的礼仪,很多体育老师都忽视了,这也是给体育课堂一点装饰,没了装饰会不会觉得单调些?教师教态始终要保持亲切、自然,语言准确、精练,口令清晰、洪亮,树立良好形象,给学生留下深刻的第一印象。这是为了形成对学生正确的影响,给学生以积极向上的动力,激发学生学习兴趣。所以,要求学生做到的,自己首应做到。相反,如教师上课时表现随便,对学生用语粗俗,甚至谩骂,有的教师上课不穿运动服,个别女教师还穿高跟鞋,在教学过程中接打电话,无故迟到、早退,脱离课堂,甚至出现旷课等与教师身份不相符的行为。这些在学生面前轻率的举动或细小的疏忽,都可能给学生心理留下阴影,不利于他们良好品质的形成。

二、严格的管理强化纪律观念

体育教学中的准备活动,就是用较短的时间,迅速将学生组织起来,调动身体各器官系统机能迅速进入工作状态,为基本部分的学习做好充分的准备,使学生精神振奋、情绪活泼地开始一堂课的学习。准备活动包括整队、报数、清点人数、队列队形练习、一般性准备活动、专门性准备活动等等。队列队形和体操队列不仅是对学生身体姿势和空间知觉的

队列队形练习(漫画)

基本训练,同时也是一种严格的集体活动。它要求学生在共同的口令下完成协调的动作,从而培养严格的组织纪律性和朝气蓬勃的集体主义精神,发展反应迅速、动作准确和协调一致的应变能力。此外,体育教学要求学生穿适合运动的衣裤如冬天不戴帽子、手套;夏天不穿拖鞋、凉鞋等,衣袋里不装有碍活动和影响安全的物品(如小刀、钢笔、钥匙等);不

迟到、不早退，不旷课，有事先请假；上课铃响后，迅速整队、报数、清点人数，师生相互问好；严格按教师规定的队形、顺序、要求进行准备活动；严格遵守课堂组织纪律，不做与课无关的其他活动等等，这些都能培养学生严格的纪律观点，是极好的德育教育形式。

三、挖掘教材，因材施教

充分挖掘教材内在的德育教育因素，结合学生实际情况，定出德育教育的具体内容，提出相应措施，以确保任务的完成。但由于体育教学有别于其他学科，各项教材的练习形式不同，在品质培养方面也各有侧重：

1. 田径教学可以培养勇敢顽强，坚韧不拔的意志品质和不惧困难，不怕失败的精神。如短跑教学中，学生容易出现抱着侥幸心理而随时准备"抢跑"的思想，在教学准备中就应该既要讲清起跑的技术要领，又要讲清起跑在品德上的要求——打消投机心理，要求学生实事求是，遵守规则。在耐久跑教学中，学生容易出现怕苦怕累的思想，教师就要有意识培养他们吃苦耐劳的精神，使学生真正体会到了"世上无难事，只怕用心人"的含义。

2. 集体的球类活动，要有意识培养学生的全局观念和有组织、有纪律、协作配合的集体主义精神，对学生中容易出现的个人英雄主义表现，向犯规方实施恶意报复等不良心理倾向，要循循诱导，并予以纠正。特别是在球类活动中，这种运动对抗性强，难免会有身体接触，甚至会出现受伤现象，同时体育运动时学生情感得到充分释放，一些学生会出现出口成"脏"的现象，这时教师不能不管不问，而应该及时制止这种不良行为，使学生明白语言文明的重要性。体育运动必然会消耗体力，肯吃苦的品质对于体育课，尤其是体育训练来说，是尤为重要的。在体育教学中教师在纠正学生错误动作时,要耐心细致,循循善诱,热情帮助,讲清道理,分析原因,使学生感到既严肃又亲切,激发学生改正错误动作的意志情感和信心。同时坚持表扬与批评相结合,善于发现优秀学习,培养体育骨干。学生由于在年龄、性别、健康状况、兴趣爱好、认识水平、运动能力等方面存在差异,教师应从实际出发,区别对待,针对学生实际存在的问题,有的放矢地进行教育教学,使学生能在互相关心、互相爱护氛围中形成优秀品质,并使这种品质在体育运动中得到巩固。面对对手要具有友好的,互相促进、互相学习的好作风,养成尊重队友、尊重对方、尊重裁判和观众的良好品质。比如在体育课堂上一些运球接力游戏、投篮比赛等多种游戏,能激发学生的学习兴趣,活跃课堂气氛,更能体现学生团结合作、积极向上的精神。在教室布置学生自主学习动作技术任务时,教师务必巡回指导,适时地鼓励学生表现自己,培养学生的自信心,尤其是对基础较差的同学,要看到他们的进步,当他们进步时应采用具有积极影响的激励性语言或行为给予肯定、鼓励,这样既能体现出教师对学生的尊重,又能培养学生练习的主动性和自觉性,激发学生的积极性,让他们去体验、去尝试,逐渐培养对运动的兴趣。

　　3.武术、体操可以培养学生机智、敏捷、沉着、自控能力等品质,在学习中让学生体验到战胜自我、获得成功的喜悦感,树立自信心。再如,进行队列教学时,要求学生养成遵守纪律,行动一致,听从指挥,顾全大局的优良品质。体操教学实践中,不能使学生上了第一次课后,就害怕再上这样的课,造成学生较大的心理压力,影响了学生下次课的学习态度。因此,在体操课中要加强安全教育和防伤自护教育,使学生懂得安全第一的重要性,树立自我保护意识。严格要求学生穿运动服、运动鞋练习;

严禁学生随身佩带小刀、徽章、钥匙等物品;提醒学生课前做好充分的准备活动,特别是颈部、腰部以及相关肌肉韧带,避免个别学生应付了事;教学内容要精心设计,合理地组织学生共同探索,合作学习,互帮互助,这一点重要;课后要及时做整理运动,利用抒情的音乐进行按摩放松,缓解中枢神经系统的疲劳,尽快消除肌肉疲劳,改善局部血液循环。

膝盖发软　　　　　　　　摇摆

运动之后的疲劳感觉(漫画)

　　有时教学采用"友伴型"分组练习,效果相对较好,可提高学生的学习热情。因为学生对友伴之间的信任是相对稳定的,让自己的友伴来帮助、保护自己无疑能减轻心理负担,感到安全。"物以类聚,人以群分",这是自然的现象,人总喜欢与自己熟悉的人、亲近的人聚在一起。因此,体育教师要充分认识到学生主体的作用,认真考虑学生的需要和情感。

　　4.游戏及教学比赛可以培养学生朝气蓬勃、遵守纪律、团结协作的集体主义精神,培养学生的竞争意识,激发学生不断进取、奋发向上的精神。游戏练习在课的准备过程和教学中出现得比较多,让学生在游戏中体会集体力量,提倡个人利益服从集体利益,培养学生为集体做贡献的责任感。通过游戏的规则约束学生的行为,让学生懂得犯规就要付出代价,感受到在社会上更应该遵纪守法,按规则办事的重要性。通过这些活动充分体现公平竞争以及实事求是,反对弄虚作假的做人准则,更要让学生树立"胜不骄、败不馁"的好作风。

教学比赛能有效地发展学生身体素质,提高动作技术、技能。在复杂的比赛条件下,培养学生合理运用技术动作的能力,培养坚毅、勇敢、果断、克服困难、自我控制、集体主义等优良品质。如进行蓝球教学比赛时,安排学生当裁判,学生裁判水平不高,难免出现判罚不准确的时候,这时我就要求队员必须服从裁判的判决,培养学生遵守规则,遵纪守法的优良品质。同时在激烈的比赛中,学生在通过掩护、策应、传球等战术配合,在得分的喜悦中体会到集体的力量、团结的力量,也能明白"友谊第一,比赛第二"的真谛。

三、抓住时机,正确引导

团队合作精神训练活动

新学期开始的时候,利用宣布和重申课堂规则的时机强化学生的体育健身意识和组织纪律观念。分析游戏或各种比赛得失后,因势利导地运用比赛规则培养学生团结协作的集体主义精神;身体练习中互相帮助、保护的时机,注意培养学生团结友爱、认真负责精神。抓住学生自主练习,教师巡回指导的时机,与学生搞好关系,使学生不仅掌握了动作技术,改变了学习态度,而且更能体会到爱的教育。享受成功,遭遇失败的时候,注意培养学生"胜不骄、败不馁"和顽强拼搏、争创第一的精神。遇到刮风、下雨等天气突然变化的时候,教师应沉着冷静,培养学生不怕困难的意志品质。借还体育器材的时候,向学生进行尊重他人劳动及吃苦在前、享受在后和爱惜公物的教育。

根据德育的社会性和影响性这一特点,作为体育教师应针对各年级学生不同的特点,对德育进行全盘计划。例如在高一年级,针对新生特

趣味体育活动

点和校风、学风的要求着重进行组织纪律、爱护公物的教育,培养学生团结守纪、爱校爱班的品质;在高二年级,加强学生互帮互助、团结友爱以及追求完美的集体主义精神;在初三年级则针对学生将要升学或走向社会的要求,突出培养他们敢于挑战困难,挑战自我,永不服输的精神,加强他们的耐挫力训练,使他们树立远大的理想。

四、在课程管理细节中促进良好的习惯养成

课前整理场地,领取器材,课后收拾器材,这个过程是引导学生热爱劳动、爱护公物的重要契机。例如,在上课前,老师叫学生们搬运器械(如垫子)时,要求学生不许拖拉。领取的器材(如篮球、排球、羽毛球拍等)不许用脚踢,不能扔等等。发现有不爱护公物的现象应及时教育制止,对于那些热心协助老师劳动和爱护公物的学生应给予当众表扬。这样,不仅对保护学校体育器材有好处,而且使学生们养成了热爱劳动和爱护公物的良好习惯。

五、总结和建议

1.体育教学中的德育教育是非常讲究策略和艺术性的。因此,建议教师在教学中要一丝不苟地热爱学生、关心学生,充分发挥在思想品德教育中的熏陶感染作用。要让学生认识到,无论扮演什么角色,人与人之间都是平等的,每个人都有帮助他人和接受帮助的责任和义务。教师要公平地对待不同家庭出身、不同经济地区和不同文化背景的学生。教师要以尊重学生的观念来培养学生,避免用训斥、贬低、惩罚、讽刺、挖苦、谩骂、罚站、打耳光等错误方式来对待学生。同时教育学生也应该尊重教师的付出和劳动成果,让学生在尊重的氛围里得到尊重,并学会尊重他人。

2.教学是一个双向活动,体育教学更是如此。由于体育课是理论和实践相结合的课程,它要求体育教师讲解简明生动,示范准确清楚,动作轻松优美,以其言传身教影响着每一个学生。因此,建议体育教师平时要加强知识的积累和专业素质的提高,努力学习,开拓进取。在体育教学中,教师以特有的人格魅力,做到以"德"育人,用"心"上课,赢得学生的尊敬和信赖,从而收到最佳的育人效果。

3.体育课是以行为为主的教学活动,在体育教学中,通过各种不同活动形式来代替单纯的说教使体育活动成为德育的真实载体,这样,德育必将会收到更加明显的效果。这就要求每一位体育工作者不仅要重视品质教育的重要性,还更要开动脑筋,积极想办法,挖掘教育素材,在体育教学实践中去真正体会德育的实践性。总之,体育教学是德、智、体、美、劳全面发展教育的重要组成部分。我们必须支持和推动它,使它在学校教育中有更大的作用。体育和德育分属不同的教育领域,但它们之间有很多互相补充、互相影响的地方。体育能给德育提供理论实践的场地,反过来德育又能指导体育,促进体育的更好发展。关于二者的相互渗透课题,大有文章可做。特别是体育教学如何渗透德育教育的真正内涵还有待于进一步挖掘。

第七章　体育课堂管理

一堂好的体育课既要有严明的纪律、严格的要求,又要充分调动学生的积极性,激发学生的学习兴趣,使学生感到轻松愉快,从而能自觉地、全心地去锻炼身体。体育教学的双边活动,如能在一种和谐的气氛中进行,体育课就会收到较好的效果。那么,怎样才能建立起和谐的气氛呢?

要创造一个良好的课堂气氛,必须建立好融洽的师生关系。教育心理学的研究表明教师在教学过程中的每一个细节、表情,或一个眼神、一句话都直接影响和谐的气氛。为推行和谐的课堂管理,体育教师要不断提高自己在思想、业务方面的素养水平,热爱本职工作,情绪饱满地投入教学,热爱学生,与学生建立融洽的关系,并注意有时应站在学生的角度看待问题,妥善处理违纪行为,并进行课堂管理,营造和谐的课堂气氛,顺利完成体育教学任务。社会在进步,学校在发展,而学生的行为、纪律习惯呈现出从来没有过的情况。现实教育环境中,教师如何进行有效的体育课堂管理? 这已经是教育教学中很紧迫的问题了,也是我们必须要重视的问题。因此,必须抓好体育课堂管理,提高课堂教学质量。

1.课堂管理

(1)学生管理

①教师的管理

对学生的管理是一个长期的、复杂的和琐碎的工作过程,教师要时刻认识到管理也是教育,教育无小事,管理对学生的影响和教育非常重要。教师对学生的管理必须体现一种端正的态度,一种自我修养的品质,一种为人师表的责任。教师对学生的管理是一门学问,也是一门艺术,它的成熟来自于对教育教学实践的不断积累、学习和思考。

体育课堂教学场景

进行学生管理,首先,要了解学生违纪的原因,是否是客观原因,如对安排的课堂内容不感兴趣,甚至反感;教学内容进度欠妥、偏难,学生无法完成;或偏易,学生觉得无收获、没意思;教师教学不负责,情绪低落,处理问题不恰当或不公平等。其次,了解是否是主观原因,如学生学习目的不明确,动机不端正;对老师有成见;怕脏,怕累,恐惧各种比较剧烈的活动;学生或师生之间存在固有的矛盾,等等。

面对违纪现象,教师要讲究策略。首先,贯彻课堂规范,在教学之初,教师就明确课堂规范,什么可以做,什么不允许做。为了维持良好的课堂教学秩序,体育教师要防患于未然,尤其是刚刚开始上课的时候,一定要狠抓常规的执行,待学生逐渐适应并形成习惯后,再使学生具有更多的灵活性。其次,处理违纪行为要及时妥善,对于学习态度不积极的学生,教师不必立即公开处理,可采用走近方法处理。对于违纪行为已明显干扰整个教学过程的学生,教师必须立即制止其行为,甚至采用惩罚的方法。注意在处理违纪行为时,尽可能不要中断教学的正常进行,避免频繁地中断教学来处理违纪行为。

体育课堂教学场景

②体育委员的管理

体育委员要配合和协同教师完成基本的课堂组织管理,及时反映班级和学生的情况,随时主动地配合教师管理好课堂纪律。体育委员要把教师管理的思想传播到学生中去,同时也要把学生的思想动态反映给教师。体育委员起到一个"桥梁"的作用。

③小组长的管理

每个组都有一个小组长,小组长是体育教师和体育委员选出来的,主要任务是管理好本组小组成员的站队列队纪律和承担分组练习时的组织工作。小组长要把小组内部具体的问题反映给教师,有目的地配合好教师和体育委员的工作。小组长起到一个润滑剂的作用。

（2）课前管理

课前管理是十分重要的。教师可以在轮换后通过适当的方式,将课的内容和应准备的教具告知体育委员和小组长,由他们协助教师做好准备,同时应将上课的地点告知学生。具有危险性的教具应指定专人管理,以防发生意外。如在课前遇到突发问题,教师应冷静分析,泰然处之,予以"冷处理"。比如,上课铃响后,带好麦克信心十足地走进等候区,却发现学生队形十分混乱,很多人交头接耳。即使他们看到老师来了,也还沉浸在刚才的嬉戏追逐之中,陶醉在课间休息时的趣谈中尚未清醒。这时教师不宜马上讲课,更不要大声呵斥。因为上节课刚结束不久,课程轮换后,学生需要一个短暂的放松时间以重新调整身心倾向。上述行为姑且可看成是学生卸下某种心理负担,接受新课的准备。教师可以采取"以静制动"的办法,走进班级整队区,只用一声口哨或者一种平静的目光扫视学生一周,形成一种力量,把他们"散放的心"吸引到课堂上来,或者上室内课时在黑板上书写大大的醒目的课题,转移他们的注意力,学生就会立刻各归原位,安静下来,恢复教学秩序。

整理队列

(3)课中管理

①课中管理的好坏决定课程的成败。可以采用激励信任法则,充分调动学生的积极性,因为从管理的角度来看激励信任学生是最有效的办法。课堂上,可以让学生成为集体的主人,大胆利用学生来管理学生。把全班分成若干小组。考勤组,负责体育课、课间操的出勤,并记录。器材组,负责带领值日组长借还本课所需器材。纪律组,负责上课时的课堂纪律。体育组长总负责监管集体整队、带队等行动。总之,给学生的信任越多,管理的效果就越好。组长要说到做到,认真落实、对待每一件事。教师的行为对学生有潜移默化的影响,教育者本身就是一本非常珍贵的教科书,大到世界观、人生观,小到一举手一投足,都渗透在整个教育过程中,如果我们能以自己的人格品质、言行以及心理与行为吸引学生,令学生钦佩,那么我们的教育就已经向成功迈进了一大步。所以,我们说到做到,认真对待每一件事,让学生觉得你做事有始有终,能说到做到,自然也就会以你为楷模而服从你的教育和管理了。

②俗话说,"罚其十,不如奖其一。"当学生的积极行为得到奖励后,这种积极行为将得到巩固与强化。体育课中的奖励方式通常是非物质的,如口头赞扬、口头表扬。为了维持纪律,一定的惩罚是必要的,惩罚是体育教师有意识通过使学生经受不愉快的体验,以影响和改变学生违纪行为的一种手段。惩罚的目的是为了制止或阻止违纪行为的产生和重现。在体育教学中,惩罚的方式有两种:一是挫折型,即暂时中止违纪学生参加体育学习活动的权利;二是否定型,即当众批评、教训,课后留下来,罚做俯卧撑、跑步等。在运用惩罚手段时,教师必须让学生明白,惩罚的是违纪行为而不是人。

（4）课后管理

作为体育教师,要合理利用课堂40分钟,尽量不要拖堂,以保证下节课准时上课以及学生身心适度调整。最好在下课前留一些拓展的练习,布置给每个小组,一定要在下节课落实检查,在学生心目中留下严谨的态度,让学生不敢马虎大意对待。还有尽量不要让学生在操场逗留,而应避让跑道快速回班。

无数事实证明,教师能否有效驾驭课堂,能否有效地管理好课堂,对课堂教学的成败至关重要。如果失去了有效的课堂管理,新课程改革的实施只能成为空中楼阁。目前,在新课程改革时,我们要纠正忽视课堂管理的片面做法,不断探索新课程改革背景下课堂管理的新方法、新思路,对课堂进行有效的管理。只有这样,新课程的目标才能得到真正落实;只有这样,才能构建出和谐的,民主而平等的,灵活而互动的课堂。

2.体育课中学生违纪的表现形式及原因

（1）表现形式:在体育课教学进行过程中,有时学生会出现一些违反纪律的现象,这些行为从现象上分有两种形式:

①是做一些明文禁止的事情。

②是不能完成教师所规定的任务或练习。

（2）学生中出现违纪现象的主要原因:

①安排的教学内容学生不感兴趣,甚至是反感;教学内容进度欠妥偏难,学生无法完成;或偏易,学生觉得无收获,没意思。

②教师的讲解声音偏低,不清晰,学生听不懂;教师的示范不规范,不成功。

③教学的场地不平整,风沙大,场地器材布局不合理;学生练习互相

干扰;受外界环境的干扰。

④学生学习目的不明确,动机不端正;对学校或教师有成见、偏见。

3.明确维持纪律与课堂管理的要求

(1)建立必要的体育课堂教学执行规范

为了使学生能较好地配合体育教师参与体育学习活动,在教学之初,教师就要向学生明确宣布要求学生做的和不允许做的行为要求,为了维持良好的课堂教学秩序,体育教师要防患于未然,尤其是刚刚开始上课的时候,一定要狠抓规范的执行,待学生逐渐适应并形成习惯后,再使学生具有更多的灵活性。

(2)及时妥善地处理违纪行为

当学生在学习过程中出现违纪行为时,教师必须迅速作出反应并及时处理。一般来讲,如果一个学生只是消极地完成学习任务,教师不必立即公开处理,可采用沉默、皱眉、走近等方法处理。如果一个学生的违纪行为已明显干扰整个教学过程,教师必须立即处理,并按情况采取提示、暗示、制止、甚至惩罚的方法。如果学生为了吸引教师的注意而出现违纪行为时,教师可以用不予理睬的方法来处理。总之,在处理违纪行为时,尽量不要中断教学的正常进行,尤其是不要频繁地中断教学来处理违纪行为。

(3)正确运用奖励与惩罚

奖励与惩罚是维持纪律,进行课堂管理的重要手段。奖励积极性的行为是维持纪律的课堂管理的最有效方法之一。如口头表扬"你终于成功了""真不简单""大家看,这位同学做得真好",或给一个满意的、赞许的目光和微笑。为了维持良好的教学纪律,一定的惩罚也是必要的。但是体育教师要注意合理、适当地运用该手段,明确惩罚不是目的,而是为了制止或阻止违纪行为的产生和重现。

师生互动的体育课堂

4.有针对性地渗透思想品德教育

体育与健康新课程标准坚持"健康第一"的指导思想,尤其把心理健康放在重要地位。增强学生经受挫折的能力是培养学生健康心理,提高社会适应能力的有效手段,体育教学中要有针对性地进行心理健康教育。体育教学是整个学校教育的重要组成部分。体育活动不仅能使学生增强体质,提高运动技巧和技能,而且还能发展智力、陶冶情操、锻炼意志,培养集体主义精神,增强组织性、纪律性。

(1)利用环境,因势利导

环境最能锻炼人的意志。对于在环境舒适,父母万般呵护下成长的孩子来说,他们没有经历过艰难困苦的磨炼,教师要因地制宜,利用当地自然条件和环境,让学生自己去尝试,去体验,以提高学生适应环境的能力,增强其身体的抵抗力。教学中教师通过创设情景和提高要求等方法,让学生承受一定的生理、心理负荷,来培养学生不怕苦、不怕累,敢于克服困难的精神。

(2)学会正确面对失败

培养学生勇敢顽强、努力拼搏的精神是体育教学目标之一,但面对高不可攀的目标,或遇到强有力的对手时,那些自视甚高,一贯争强好胜的"常胜将军",为了维护自己的高度自尊,往往采取更为积极的、竞争的、冒险的行为,而将自己置于危险的境地,如果任其这样继续下去,会引起心理扭曲,造成肢体伤害,这时教师可侧面引导他们暂时放弃,敢于失败。劝诫他们"世上没有常胜将军""胜败乃兵家常事"。事后帮助他们认真分析原因,潜心锻炼,等时机成熟,以备再战。

(3)耐心进行思想教育

体育课的特点是以身体活动为基本要求。由于学生各自的身体素质、体能和意志不同,往往在练习过程中,有的学生存在着畏难的情绪,如怕苦、怕摔、胆怯等一些心理现象,这种心理在跳高、跳山羊、技巧、单杠等动作难度较大的练习中更加突出。出现这种情况之后,要针对学生各种不利于练习的心理,进行有的放矢的教育。在练习中,要以热情的态度关心帮助学生完成动作,使学生减少畏难的情绪。通过不断反复的练习,学生终于有了克服困难的信心,然后进一步培养学生坚韧不拔、吃苦耐劳和勇于克服困难的思想意志品质。

体育课堂教学场景

（4）精心设计体育情境

体育游戏是学生们最喜爱的一项综合性的体育活动,如做"猎人打猎"游戏,不仅能发展学生投掷和躲避能力,更能使他们发扬集体主义精神,做到互相协作、团结一致,为集体多打猎物而努力。再如,做"胯下头上传球"游戏,则能培养学生机智活泼、团结负责、乐观进取的优良品质。各种不同游戏,同学们受到的思想教育也不同。

和谐的气氛并不意味着不要上课的严肃性,二者是统一的,有着密切的联系。纪律与课堂管理是体育教师为了维持正常的教学活动,鼓励学生积极配合教师参与体育学习活动,阻止和处理违纪行为的手段与行为。高度的组织纪律性是组织教学的前提,而和谐的气氛则是更好地完成教学任务的重要因素。所以,教师要努力创造和谐的气氛,让学生在舒畅的心情中上好体育课。教师在教学管理中的主要任务,就是积极协调教学过程中的各种矛盾,对教学活动实行有效的控制,充分调动学生学习的积极性和自觉性,以利于培养有理想、有道德、有文化、有纪律、有体质的一代新人。

体育游戏场景

第八章 体育课堂评价

　　教育的成效必须且只有通过适当的评价才能体现出来,新一轮课程改革把课程评价的转变作为课程改革的重要环节。传统的体育课评价仅仅用统一的运动成绩指标来衡量体育学习的结果,既不考虑学生通过学习之后健康状况的改变情况,也很少考虑学生的体育态度、体育习惯、情意表现及交往和合作能力等方面的变化。新课程改革倡导"立足过程,促进发展"的课程评价,力求淡化评价的甄别与选拔功能而强化激励与发展功能。本研究旨在构建和运用具有发展性的课堂教学评价体系,真正实现课程评价的最终目标,即促进学生更好地学,教师更好地教,使他们在教与学的过程中不断进步与发展。

展示课现场

1.体育课堂教学评价的内涵

体育课堂教学评价是依据体育课堂教学目标,对体育课堂教学过程与教学效果进行的价值判断。体育课堂教学特指上课这一特定时间内,体育教师与学生为解决特定的课题,而开展的有组织的双边互动活动。在体育课堂教学评价中,一方面要对整个教学过程的展开进行评价,另一方面更要注重对教学活动实现教学目标的有效程度进行评价,即对学生在体育学习过程中的表现,及学习前后发生的变化进行评价。教学的价值主体是学生,因为教学根本目的在于培养学生,促进学生发展,满足学生发展的需要。因此教学的效果首先体现在学生的成长与发展上,其次就是学生在教学过程中的感受。瑞典教育家胡森认为教学质量主要是指学生的质量,不仅指学生学业成绩水平,也包括学生情感和个性的发展。所以,以学生对教学过程的真切感受和行为的变化为依据,对教师教学效果进行价值判断,不失为教学评价的另一种视角。

2.建立体育课堂教学评价指标的理论依据

体育课堂教学评价指标的建立,必然受到课堂教学质量观的影响,一定要贯穿体育与健康课程的基本理念,一定要结合体育课堂教学的特点。因而,课堂教学质量观、体育与健康课程的基本理念、体育课堂教学的特点是建立体育课堂教学评价指标的理论依据。

(1)课堂教学质量观

课堂教学质量观是人们对课堂教学质量的基本看法或基本观点,它是影响课堂教学运行和进行课堂教学评价的基础。任何行为,特别是有目的的行为,都不可避免地受到行为背后的观念影响。现代课堂教学质量观可以概括为如下内容:以"双基"教学为基础,以发展学生主体性为核心,在课堂教学中组织和安排多种活动,充分发挥教师和学生双方的自主性、主动性和创造性,重视师生、学生之间的交往与合作,力求知情交融,培养学生在课堂教学中的生活意识和创造意识,焕发师生在课堂教学中的生命活力。在现代课堂教学质量观的指导下,促使学生主体性观念、交往观念、现代教学目全面观的转变。

跑步教学场景

(2)体育与健康课程的基本理念

《体育与健康课程标准》阐述了全新的基本理念,强调体育课程要以"健康第一"为指导思想,重视激发和保持学生的运动兴趣,关注学生主体地位的确立,承认学生的个体差异和不同需求,注意学生各种能力的培养等。由此我们发现未来的体育课程将十分注重教师和学生的创新意识和能力的培养,因为只有教师不断有创新的行动,学生才会有创新的意识和能力。因此,今后的体育教师应积极改革,不断创新,力求变化,即努力挖掘现有体育设施的最大潜能,更新自己的教学方法,建立新型的师生关系,创设有利于促进学生进步和发展的评价体系等。今后的体育教师应该是一名决策者、创新者,而不应该是一名实施者、依赖者。只有这样,学生才能更好地达成学习的目标,也才能体验到体育学习的乐趣。今后的体育教师应尊重学生的主体地位。满足他们的好奇心、学习需求和爱好,充分发挥他们的求索精神。上述这些基本理念,对于制定新课程的课堂教学评价指标具有很好地指导作用。

（3）体育课堂教学的特点

体育课堂教学的特点是构建体育课堂教学评价指标的基础,只有正确认识体育课堂教学的特点,才能确定具有体育教学特色的评价指标。《体育（与健康）课程标准》中指出:"体育与健康"课程是一门以身体练习为主要手段,以增进中小学生健康为主要目的的必修课程,是学校课程体系的重要组成部分,是实施素质教育和培养德智体美全面发展人才所不可缺少的重要途径。实际上,体育与健康课程是对原有的体育课程进行深化改革,并突出健康目标的一门课程。虽然该课程取名为体育与健康,但并不是体育课程与健康教育课程合并的一门课程。它关注的是学生如何通过体育实践活动,增强体能、掌握基本的体育与健康的知识和技能,形成坚持体育锻炼的习惯和良好的生活方式,提高身体、心理和社会适应能力等整体健康水平,达成课程提出的健康目标。同时,它也十分重视课程对促进学生全面发展的重要作用,强调其健身和育人的功能与价值。总之,体育课堂教学有不同于其他学科的特点,如身体练习性、承受运动负荷、社会交往性、组织的复杂性等,只有根据这些特点去评价课堂教学质量,才会收到满意的效果。

（4）教学过程

新课标倡导自主合作探究的体育教学。对这一教学过程实施的评价,能充分了解教师对新课标的理解,教师对教材的理解和把握,教师对教学目标的确认,教学内容的选择和确定以及教师的教学能力。

①教学思想。教学指导思想是否正确,是能否依据体育学科的性质、体育教学的基本规律,从实际出发,正确的贯彻《体育（与健康）课程标准》的精神,促进体育课程与教学改革的健康深入地发展的关键。《课

程标准》是依据《国务院关于基础教育改革与发展的决定》和《基础教育课程改革纲要（试行）》制定，并由国家教育主管部门颁发的关于中小学体育与健康课程改革和发展的基本思路，以及对中小学生在体育与健康课程方面的基本要求，是课程管理和评价的基础。为落实"健康第一"的指导思想，必须在目标的确定、设计、教学内容的选择和课堂的组织实施、评价等各个方面，真正体现"健康第一"的要求，以促进学生身体健康水平、心理健康水平和社会适应能力的提高。

②教学目标。教学目标要明确、具体，操作性强，对教学目标的达成情况可以进行检查和评价。体育与健康课程的教学目标是指学生通过体育学习与活动所要达到的预期学习结果。作为实现知识与技能、过程与方法、情感与态度三维目标的载体，新课标下的体育教学是以目标的达成来统领一切的，它是面向全体学生的，是绝大多数学生通过努力都能够达成的，是评估教学效果的重要依据，对课堂教学的实施起着导向和激励的作用。高中体育与健康课程的教学由学生自主选择学习模块，课堂教学目标的确定应符合该模块的特点和学生的实际运动水平，在某一模块学习过程中，不同的时间、不同的课次、不同的选择次数、不同水平的学生应有不同的学习目标。教学目标可以涉及五个领域：运动参与、运动技能、身体健康、心理健康和社会适应，可以是五个领域中的一个或几个。

③教学内容。教学内容的选择要考虑到是否符合学生的身心特点与发展需要，从而促进该阶段学生整体健康水平的提高；是否能准确地把握教材的性质、特点和价值；教材处理是否得当，是否考虑了学生相应水平的学习目标；是否考虑了学生的个体差异，给学生留有充分的余地，使得学生在参与体育活动的过程中能够平等受益。在现今的模块教学中，教学内容的选择还要看是否符合该学生的实际水平。

剑术体育教学场景

高中体育以"健康第一"为指导思想，以"培养学生进行体育锻炼的兴趣"为宗旨，以"培养学生的体育终身意识，为终身体育服务，形成一至两个运动特长或专长"为目标。因此在评价教学内容是否合理时，应考虑主要教材是否具有适宜的技术难度和较强的教与学因素，是否以运动技术教学与身体练习为载体，切实有效地促进学生在五个领域水平的同步提高，使之融为一体。在运动技能的教学过程中，要考虑教师是否结合了新课标的理念，让学生先动起来，然后再根据学生的练习情况（共性情况与个性情况区别对待）有针对性地给予技术上的指导，让学生在体验中逐渐提高，在提高中逐渐掌握该技能；所采取的手段和方法是否能有效地为掌握运动技能服务；经过这堂课的教学后学生对该技能的掌握是否有提高。高中学生已有较强的思考问题和解决问题的能力，而体育术语式的要领一般较长而又难以理解，如果在教学过程中能够根据学生的学练情况再结合他们所学过的数学、物理等方面的知识进行要点式讲解,让学生明白该怎么做以及为什么这么做,学生理解起来也就相对轻松了,也就容易较快地掌握该技能了。

④教学设计。教学设计是否科学要看教学分段是否合理,教学组织是否严密,教学方法是否有效,教学步骤是否清晰;运动负荷是否适宜,对各项练习的时间、次数及强度是否能做出科学的具体安排;场地、器材、教具及现代化教育技术手段的利用,是否经济、实用、有效,是否符合教学的实际需要。

⑤实施过程。实施过程中我们可以看教师是否以学生为主体,重视激发他们的兴趣和爱好,尊重他们的情感和体验,给学生留有充分的时间参与体育活动,引导和鼓励他们自主地进行体育锻炼;是否强调师生间、学生间的相互交流与合作,而不仅仅是教师对学生的单向传授,并能发挥学生的想象力和创造力,促进他们在探究中提高运动技能水平;在促使学生积极参与体育活动的基础上,能否充分指导学生活动身体与动脑相结合,科学地进行体育锻炼,使之真正受益终身;是否面向全体学生,关注学生的个体差异,努力做到因材施教,使每一个学生都体验到体育学习和活动的成功感,使所有学生都取得进步和发展;是否创设了合理的、和谐的,富有挑战性的,能使每一个学生都能获得成功体验的情景,并为学生展示自我、表现自我提供一个广阔舞台。

（5）教师的教学状态

①教师的角色。新课标下,教师是课堂教学的设计者,是教学实施的服务者,是学习内容的提供者,是学生消除困惑的帮助者,教师的角色也应相应地发生转变。教师角色的转变,首先应是意识上的转变,然后才是语言、行为、情感等方面的转变。教师应该放弃了居高临下的架子,和学生平等、互动,与学生共同去完成教学任务。如将过去的命令式话

语"注意,你的表现是最差的!真笨!"等改变为"OK!很好!你能行!有进步!"或与学生击掌,拍手,互相鼓励。再请学生领操时,如果教师站在旁边,这并不是角色转化,但如果教师走到这个领操学生的位置跟着做,这就是角色转变了。

②教师教学基本功。体育课堂教学能够较好地体现教师教学基本功。如口令清晰、洪亮,示范准确、优美,讲解简明、易懂,保护合理、到位,指导练习与纠正运动错误有效、得法,队形调动便捷、合理,课堂常规贯彻认真、得当,安全措施得力、有效,突发事件处理正确、及时。

③教师教学能力。教师教学能力能够充分发挥教师的主导作用,正确体现学生在体育学习中的主体地位。教师教学能力的发挥要看教师在教学中能否正确地处理好统一要求与区别对待的关系,既要做到面向全体学生,解决好教学中的共性问题,使全体学生都能达到体育课程学习的基本要求,又能关注学生的个体差异,做到因材施教,区别对待,使每个学生都学有所得。这包括能否根据教学目标、教学内容、学生特点和教学的实际需要,正确、有效地运用接受式学习、自主学习、合作学习、探究学习等学习方式,使教与学的积极性都能得到充分的发挥;设问是否合理、科学、准确并考虑到学生的实际水平并给予学生一定的思考空间,解疑是否及时、到位;在课堂教学评价中,能否正确地运用激励性评价、诊断性评价及其他评价方法,给学生以及时、真实、明确的学习反馈信息;教与学的一切活动是否以有利于提高课堂教学质量为目的。农村学校的体育课要针对农村学校的专款器材与学生的体育基础等实际情况,因地制宜、因人制宜的开展教学活动,尽可能地使学生能学到必要的体育知识、技能,身体得到有效的锻炼,体育意识与心理品质得到一定的培养。

④教师教学手段。要看教学手段能否为学生创设一个有利于学生

自主学习、合作学习、创造学习和探究学习的教学环境，为学生搭建一个表现自我、展示自我的舞台。

（6）学生的学习状态

新课标下的体育教学打破"关注教师的行为表现，忽视学生参与学习过程"的传统教学评价模式，建立"以学论教"的发展性体育教学评价模式。即教学评价的关注点转向学生在体育学习中的自主学习、交流合作、参与热情、情绪体验和探究思考等过程。

①自主学习。看学生是否积极主动地参与学练，是否根据自身条件选择相应的方法、手段进行自我设计、自我调节、自我控制、自我评价。

仰卧起坐教学

②交流合作。看学生之间在学练过程中能否友好地分工与合作；学生遇到困难时是否主动地与他人合作、交流，共同解决问题；学生与教师之间交流时是否言语得体；整个课堂教学气氛是否民主、和谐、活跃等。

③参与热情。看学生是否全员、全程参与学练；看学生是否积极投入思考或尝试练习，是否兴致勃勃地自觉进行练习（学、练、创等）；看有没有学生参与"教"，如在小组学练、探讨时给予别人帮助或大胆发表与众不同的见解。

④情绪体验。我们可以通过捕捉学生细微的表情变化去分析评判。判断学生有无浓厚的学练兴趣，对学练内容有无好奇心和求知欲；是否能长时间保持学练兴趣，能否自我控制与调节学练情绪；学练过程是否愉悦，学练的愿望是否能不断得到增强。

⑤探究、思考。可以看学生在学练过程中是否积极地观察、分析、对比、探究；学生是否善于质疑，提出有价值的问题，并展开争论，甚至出现"唇枪舌剑"的情景；还可以看学生的回答或见解是否具有自己的思考或创意。

3.课堂教学评价的基本理念

(1)促进学生发展

"以学生发展为本"是新课程的核心理论。课堂教学评价不仅重视学生对知识、技能的掌握，更关注学生在40分钟课内的表现，教师要认真地研究有效实施课堂教学策略，激发学生的运动兴趣，关注学生的个体差异和不同需要。以学生为主体，尊重学生人格和个性的发展，培养学生发现、探索问题的能力。关注学生对评价过程的全面参与，从而使评价促进学生成长，发展学生认识自我、激励自我、改造自我等能力，进而使学生不断成长。

(2)促进教师成长

根据新课程评价目的的要求，新课程的课堂教学评价要沿着促进教师成长的方向发展。新课程课堂教学评价的方向是面向未来，其重点不在于鉴定教师的课堂教学结果,不在于将教师的课堂教学结果作为判断他们是否已经具备奖励或处罚的条件,不在于将教师的课堂教学结果作为降级、解聘或加薪、晋级等决定的依据,而是在于诊断教师课堂教学的问题,制定教师的个人发展目标,满足教师的个人发展需求。这是一种以促进教师的专业发展为目的的双向的教师评价过程,它建立在评价双方互相信任的基础之上,和谐的气氛贯穿评价过程的始终。

(3)以学论教

"以学论教",即以学生的"学"评价教师的"教"。"以学论教"的教学评价强调以学生在课堂学习中呈现的状态为参照,来评价课堂教学质量,改变传统教学评价中以教师为中心,以教论教的状况。新的评价标准包括全新的教学观念,从课堂教学上学生的认知、思维、情感等方面的发展程度来评价教师教学质量的高低。

4.构建课堂教学评价指标

评价指标是衡量事物的角度或维度。"当我们要衡量某个事物的价值时……要从该事物找到表征它的属性、特征的那些维度,这些维度称为评价指标。"评价指标的确定是以评价对象的属性和特征为依据的。体育课堂教学评价指标要以体育课堂教学的特点为依据制定。另外,学生是课堂教学评价的价值主体,是体育课堂教学的价值体现者。课堂教学是为学生的发展服务的,课堂教学的价值是体现在学生身上的,因此,学生发展的需要就是确定评价指标的根据。评价指标必须把学生放在核心地位。

正如体育课堂教学评价的定义,体育课堂教学是对体育教师的教学过程与教学效果进行的评价,体育课堂教学评价指标从两方面展开,一方面是从教学过程,另一方面则从教学结果。

(1)体育课堂教学过程评价指标的设计

教学过程作为教学的主要部分,是评价的重点,而以前的许多评价是针对教学结果进行评价的。体育课堂教学过程这个指标是通过师生、学生之间保持有效互动,学生获得积极情感体验,学生参与教学过程这三个指标实现的。

指标之一:师生、学生之间保持有效互动(体育课堂教学特点之一)。包括①师生之间关系融洽(尊重学生,平等对待学生)是贡献率最大的原因,它对体育课质量影响最大;②老师对学生的积极反馈(对学生及时表扬奖励,民主对待学生);③学生与学生之间相互帮助、鼓励。

指标之二:学生获得积极情感体验(喜悦,成功,自尊、自信提高,意志品质增强)。以往在评价课堂教学效果时,比较注重学生知识技能目标的达成度,而对学生的态度、情感目标重视不够。现代体育教学已经把增进学生的心理健康作为体育课程教学内容的一个重要组成部分。另外,体育课的特点之一就是情意性。

指标之三:学生参与教学过程(活动的时间,活动的人数,课上的态度,被教学吸引的程度)。新课程的首要目标就是运动参与,体育课教学的身体练习性特点也决定了学生运动参与的重要性,因而评价指标提出了学生参与教学过程。

(2)体育课堂教学结果评价指标的设计

体育与健康课程就是要贯彻"健康第一"的思想,提出了与身体、心理、社会三维健康观相应的身体健康、心理健康、社会适应三个学习领域的目标。

身体健康是一项重要的指标。身体练习是体育课区别于其他课堂教学的首要特点,承受适宜的运动负荷也是体育课堂教学的特点,学习运动技术和健康知识是体育课的又一重要内容,因而,身体健康目标的实现是通过承受适宜的运动负荷,掌握一定的运动技术和健康知识实现的。心理健康和社会适应能力则体现在体育课中的积极情感体验与正确处理师生、学生之间的人际关系上,这两方面是在课堂教学过程中完成并体现的,这里就不重复设置。

培养能力是新课程的理念之一,因而观察能力、创新能力、实践能力共同体现培养能力这一指标。教学效果评价指标如下所示:指标之一:身体健康(身体负荷、运动技术、健康知识);指标之二:能力(创新能力、观察能力、实践能力)。

农村体育课堂教学场景

5.定量评价

为了方便评课者进行评课,也为了使评课者在评课时有一定的标准和依据,同时也方便执教教师明白自己在教学过程中的长处与不足,以利于执教教师在今后教学时能够扬长避短,在新课标的大旗下迅速成长,使学生真正成为学习的主人,做到课课有收获,我们可以将体育课堂教学的评价内容量化。

6.体育课堂评价

(1)新课标下体育课堂教学评价的重心从关注"教"到关注"学",将促进我们体育教师重新反思一堂"好"课要求教师具备的教学能力应该有哪些。

学生进行橄榄球运动场景

(2)课堂教学评价是对体育教师的教学过程与教学效果进行的评价,其目的不是简单地评价体育教师教学活动的结果或表现以及评定教师的优劣,而是通过注重发展性的评价促进教学工作的不断改进。

(3)在课堂教学评价中,一方面要对整个教学过程进行评价,另一方面更要注重对教学活动的有效性,即教学活动对实现教学目标的有效程度进行评价。因此,对于体育课堂教学的评价,就不但要注意对体育教师的教学行为,如教学、组织、教育的行为进行评价,更要注意对学生在学习过程中的表现,以及学习前后发生的变化进行评价。

(4)体育与健康课堂评价可以由执教者本人,也可以由评委和执教者以及观摩者一起参与,这对于执教老师与观摩者,甚至对评委人都是一个很好的学习、反思和提高的机会。

(5)评价时可以采用定量和定性相结合的方法。

第九章 增强教研组团队建设，促进体育教师专业化发展

　　体育教研组是学校校本研修的基层单位,既是进行体育教学研究的基本组织,又是学校体育的业务管理机构,更是培养青年体育教师成长的基地,起着组织对本学科教师进行业务培训、教学改革、课题研究、教育管理的作用。体育教研组的制度健全程度和工作效果如何,直接关系

生动活泼的体育教研活动

到学校体育工作质量的高低,同时,体育教研组还是体育教师专业化成长的平台和乐园。随着课程改革的进一步深入,体育教师的各项业务素

质,教育教学能力推陈出新,竞争日趋激烈。而学生对体育教师的要求更是多样化、全面化。体育教师、体育教研组面临着困难和挑战,单凭教师个人能力已难以面对错综复杂的学生和学校体育工作。这就需要我们体育教研组要有团队精神,在工作中互相依赖、互相联系、共同合作,团队精神建设是新时代体育教研组面对的新课题。

一、增强团队建设

(一)何谓团队精神

团队是指一些才能互补、团结和谐并为负有共同责任的统一目标和标准而奉献的一群人。团队不仅强调个人的工作成绩,更强调团队的整体业绩。团队精神是指教研组中各教师之间相互沟通、交流、真诚合作,为实现教研组的整体目标而努力奋斗的精神。它包含两层含义:一是与别人沟通、交流的能力;二是与人合作的能力,也就是说要善于与别人沟通、尊重别人,懂得以恰当方式同他人合作。教研组能理解团队精神,教研组的成员就会齐心协力,成为一个强有力的集体。

(二)体育教研组需加强团队精神的认识

在体育课程改革的新形势下,我们体育教师的分工越来越细,任何人都不可能独立完成所有工作流程,而只能是实现整体目标的一小部分,我们不能简单重复过去的老办法、旧模式,必须要有新的探索、新的突破。能否培养出既有丰富知识,又有动手能力;既有独立工作能力,又善于与人合作,具有团队精神的创新人才,已经成为衡量体育教研组乃至整个学校是否具备发展潜力的标准之一。在目前社会竞争日趋激烈的情况下,加强体育教研组文化建设,打造过硬教师团队,增强核心竞争力,有十分重要的意义。体育教研组的团队精神可以从以下几个方面来认识:

1.正确认识体育教研组与体育教师的关系

体育教研组团队精神表现为体育教师对教研组的强烈归属感,教师把教研组当成"家",把自己的前途和命运与教研组系在一起,愿意为教研组的利益和目标奋斗。教研组和教师结成牢固的命运共同体,共存共荣。

2.正确认识体育教师之间的关系

体育教研组团队精神表现为教师之间的相互协作。教师彼此间利益共享,相互宽容,彼此信任。在工作上相互协作,在生活上彼此关怀。教师之间和谐相处,教研组的凝聚力就会增强,整体的绩效才会高。

体育组教研活动场景

3.正确认识体育教师对工作的态度

体育教研组团队精神表现为体育教师对体育工作的全心投入。教研组充分调动教师的积极性、主动性、创造性,让教师参与管理、决策。

(三)体育教研组需要注重团队精神

团队精神是教研组精神的重要组成部分,是促进教研组凝聚力、竞争力不断增强的精神力量。团队精神只有与教研组的教育教学密切地结合，从工作中建设，从工作中展现，才能有更大、更强的活力，才能有利于体育教研组走持续发展之路。一个人搞创新并不难，难的是建立一个创新型的团队。现代社会发展，对人际交流与合作的要求大提高，个人不可能孤立地工作，而是要与人交流与合作。从发展的观念来看，没有形成团队协作，不可能获得成功。成功的教研组都有一个共同的特点，即教研组内部上下同心，相互支持，协调一致。组内教师相互沟通、交流、合作已成为一种必然。体育教研组的成绩与体育教研组的团队精神和凝聚力是分不开的。教研组的教师要精诚团结，善于合作，并有着共同的目标，那就是发展学校体育事业。

（四）体育教研组如何培养团队精神

体育教研组要培养体育教师之间的合作能力，需将团队精神渗透到日常具体工作中，使所有教师认识到团队精神的重要性。

1. 培养体育教师的主人翁意识

要将体育教师的利益与教研组的利益相结合，因为个人利益源于教研组利益，只有教研组的利益得到了维护，教师的利益才能有所保障。要培养教师的主人翁意识，真正把教研组当成自己的家，来为教研组创造更好的成绩。

2. 培养体育教师与人沟通，遇事合作的工作态度

除了日常教育教学工作，体育教师还要将更多的精力放在课外体育活动中，如学校运动队建设，学校举办的运动会等各种体育竞赛。这些方面的工作，离不开学校领导的支持，班主任和家长的理解。体育教师要注意多做沟通、交流，抱着合作的态度，多理解别人的苦衷，多设身处地地为别人着想。这样，各项工作才会事半功倍。一般学校单项运动队的

训练工作,有专人负责,但在具体的展开工作时,体育教研组的教师应一起参与,指导学生进行适应性比赛。营造整个课外体育运动队训练的良好氛围。

体育组教研活动场景

(五)体育教研组在培养团队精神时需注意的几点问题

团队精神日益成为一个重要的教研组文化因素,它要求教师分工合理,将每个教师的工作安排得最适合,使他能够最大限度地发挥自己的才能。培养体育教研组团队精神时,需要注意以下几个方面的因素:

1.明确提出奋斗目标

目标是把人们凝聚在一起的力量,能鼓舞人们团结奋斗。体育教研组的目标不能定得过高,应切合学校的实际情况,让所有的教师都能感觉到有盼头儿、有奔头儿。

2.建立、完善、落实各项规章制度

规章制度使教师的行为制度化、规范化,如果缺乏有效的制度,就无法形成纪律严明、作风硬朗的团队。有了规章制度,教研组却没有狠抓落实,各项规章制度也就成为空壳。

3.尊重人格

尊重人、理解人、关心人、爱护人,是优秀团队建设者的基础。教研组中每个人都是一个独立的个体,不论能力高低,都有其人格魅力,尊重团队中的每个人,让每个人都感受到团队的温暖,将会极大地激发体育教师献身学校体育事业的决心。

4.引导参与管理

每个教师都有参与管理的欲望,正确引导和鼓励这种愿意,让他们保持主人翁的意识,为教研组发展出谋划策,贡献自己的力量与智慧。

二、增进体育教师专业化发展

体育组教研活动现场

(一)发挥名师和组长的引领作用,促进体育教师的专业化发展

在学校的体育教研组中或多或少有一些教研新手,体育教研组必须

考虑体育组教师整体水平的提高和发展,在工作中要善于倡导以名师和体育教研组长为引领的"以老带新"人才培养模式,给教研新手领路,让他们不走教学和科研的弯路,使他们尽早进入到教学的角色中去,并尽快地成长起来,以担当起教学和教研的重任。名师和体育教研组长要主动与青年体育教师"结对子",签订《青蓝工程责任书》,通过检查备课、听课和评课等方式,纠正其初上讲台产生的过错,指导其灵活运用教学方法。另外,还应主动给他们上示范课,以自己的教学给他们作参照,使青年体育教师迅速走向成熟。教研组要制订好青年体育教师培养提升的计划,对青年体育教师健康成长有明确的阶段性要求,使他们"一年合格转正,两年基本功过关,三年胜任本学科各年级教学,十年成为骨干体育教师,十五年成为学科带头人",逐步成为学校乃至市内的教学骨干。

武术教学现场

名师和体育教研组长不但要担负起青年体育教师的教学辅导工作,成为他们的榜样,促使他们不断追求更高的目标,而且还要成为他们校本教研的组织者、教学实践的引导者和专业学习与成长的促进者。名师和体育教研组长要不断提升自我教育理论的素养,加强自身文化的修养,加强人文科学的学习,增强人文底蕴,培养人文精神,改善知识结构,努力钻研教材,挖掘体育内涵,优化教学实践过程,培养独立的学科钻研能力、创新能力,了解和掌握体育学科前沿的研究动态,探究和发现教学中的共性和个性问题,并提出解决问题的办法。名师和体育教研组长要主动搞科研,认真进行课题研究,并能提出解决学校体育工作实质性问题的研究课题,要善于用科学的理论来提高全组体育教师的教育教学理论水平,用行动感召周围的体育教师在研究状态下教书育人,这样他们才能更好地承担起"家长"和"导师"的职责,并能以自身良好的专业精神感染和带领整个团队在校本教研工作中不断探索,奋力前行。

(二)用课题研究带动科研活动,促进体育教师的专业化发展

体育课堂教学现场

加强体育教研组团队建设,促进体育教师的专业化发展,必须以课

题研究为抓手来推动体育教师专业的发展,引导体育教师积极开展参与教和学的研究。一方面,通过课题研究可以提高教学质量;另一方面,通过课题研究可以提升体育教师的专业素养,进而达到体育教师专业化的成长目标。在实践中学习,在学习中研究,在研究中实践,边干边学边研究,带着体育课改、学校体育中的个案与体育教师专业发展中亟待解决的问题开展深入研究,只有做到以课题拉动科研,才能使体育教研组团队建设和体育教师的专业化发展提升到一个新的层次。

趣味体育活动场景

从事课题研究可引领体育教师开展教育科研,把体育教师引到幸福的研究道路上来。因此,每个体育教师都应参与到校本课题研究中来,营造"人人重视课题研究,个个参与课改实验"的良好研究氛围,真正做到人人有课题,个个是研究员。课题组应每月召开一次成员会,汇报情况,交流经验,每两周举办一次课题专题讲座,选择与课题相关的主题轮流主讲,要求全组体育教师参加,旨在关注课改动态,传递课改信息,从而拓宽体育教师的视野,丰富体育教师的理论。同时,还要不定期地举办课题研讨活动,以实验课题和课改热点、重点问题为话题,让体育教师们在论谈中交流看法,抒发思想,碰撞火花,达成共识。要组织引导体育教师反思、总结交流教学的得与失,撰写教后感、案例、经验总结等教学论文,并开展课题研讨课活动,引导体育教师围绕课题上好研究课,把课题思想融合在课堂教学之中,运用课题研究中新的理念进行概括、归纳、总结,并从操作层面上将其提升,转化为有效、可行的教学经验。

体育教师的课题研究要关注"小、实、真",要围绕改进课堂教学,促进学生成长的真实情景和真实事件,对体育课改中的一些热点、难点问题进行集体攻关。要坚持"问题即课题,行动即研究,成长即成果"的课题研究原则,通过"校本培训、专家指导、读书活动、经验交流"等方式,在教育教学实践中发现问题,在反思性教育教学研究中解决问题,将培训、学习、实践与研究有机地结合起来,让体育教师在实践中反思,在研究中成长。另外,体育教师还要围绕课题研究,强化理论学习,探索教学实践,解决实际问题,开展有效反思,加强校本培训。要注重课题研究的过程,每阶段都必须明确课题研究的重点和方向,制订课题研究的计划,做到定目标,定班级,定教师,定措施,定时间,使课题研究得以扎扎实实地开展。

(三)创设良好的教研活动氛围,促进体育教师的专业化发展

体育教研组是教育教学教研和培养体育教师的基地,是学校推进课堂教学改革的平台,要切实做到"研"字当头。每学期、每次教研活动都要有明确的目标、重点及所需解决的问题,必须做到:"四定二备五统一"(定时间,定地点,定内容,定中心发言人;备内容,备方法;统一教学内容、进度、重难点、练习强度和密度)。在学期初,组织体育教师积极参与,出谋划策,共同制订出一份详细、周密的工作计划。每位体育教师也

应制订自己相应的各阶段计划,如听课、公开课教学、课题研究方向、理论学习、讲座、教学调查和考试应达到的目标等。在每次教研活动之前,体育教师都要了解本次教研活动的内容,并根据内容寻找相关的理论文章、阅读书籍或已在实践中获得的实践经验等,做到有话可说。在教研活动中,要注意调控整个活动的节奏,围绕主题展开讨论,做到不跑题、不偏题、不离题。

健美操表演

体育教研组要重视对青年体育教师的培养,在教学中要给予青年体育教师更多的关心和适时的指导,积极组织青年体育教师外出观摩和参加评优课、展示课和各种课堂教学研讨活动,感受课程改革浓烈的氛围。在安排公开教学活动时,要更多地考虑青年体育教师,让他们有更多的机会进行锻炼,激发他们的工作热情,并尽可能地创设条件,满足青年教师自身发展与完善的需要,增强自身课堂教学改革的意识和能力,促进青年体育教师迅速成长。

要通过研讨课、展示课和专题研讨课,使全体教研组成员在参与过程中,不断提高对新课程内涵的认识,调动他们参与课堂教学实践和改革的积极性。同时,还要引导体育教师把校本教研的目光聚焦课堂,关注教学中最现实的问题,有了问题后,要及时通过与骨干体育教师的交流和研讨来加以解决,实现体育教师专业水平的螺旋式上升,促进体育教师群体逐步走向成熟,形成良性循环。

要充分发挥学校校园网络办公系统的共享性,鼓励教师将自己的教学设计、教学素材、自制课件等分类整理成资源包上传到网上,供同伴参考,与他人分享。可利用博客、微博、QQ研修群和教育办公系统等新型的网络研修方式,让每个体育教师都始终保持旺盛的学习激情,通过相互切磋和合作,实现不同思想情感的碰撞,在讨论中共同研究问题,思考突破点,集体反思。

(四)加强制度管理和组织建设,促进体育教师的专业化发展

教研制度的建立是体育教研组建设和有效发展的保障,要进行科学化的规范管理,首先要健全制度。体育教研组要积极落实学校体育工作的各项制度,如体育教研组长职责、备课组长职责、集体备课制度、训练比赛制度和教学常规等,使教研组的建设向制度化和规范化的方向发展。通过制度规范体育教师的教学、教研和训练比赛的意识和行为,实施制度下的有效管理,吸引体育教师把精力集中到教育科研、教学和训练比赛上来,然后让体育教研组进入"我要上课""我要训练""我要活动""我要科研""我要训练"的良好局面与良性循环状态。体育教研组制度的健全保证了日常工作的顺利进行和体育教研活动的正常进行,同时也促进了体育教研组的科学管理。

体育组教研活动现场

教研组要根据体育学科的特点,使每个年级组、备课组、训练组和群体组教师组成搭配合理、和谐。根据年龄、性别和专项特点形成最佳组织结构,充分体现每位体育教师的特长,调动每位体育教师的积极性,发挥体育教研组的整体功能,采取"帮扶——引领——提升"的组合方式,让老体育教师与青年体育教师结合,骨干体育教师与非骨干体育教师结合,男教师与女教师组合,这样整合起来的体育教研组,老体育教师、骨干体育教师都有用武之地,充分发挥了传、帮、带的作用。青年体育教师上课的规范性不够,教育教学经验不足,教材处理能力和课堂驾驭能力欠缺的问题可及时得到具体的指导。每学年新的课务安排和教师人员调整,既要考虑学校工作,又要考虑到体育教研组的整体功能,更要为教研组的长远发展奠定组织基础。

体育教研组要加强业务学习力度,制订业务学习的制度和计划,鼓励体育教师学习教育教学方面的理论和知识。要在青年教师中开展"五项全能"(优质课、普通话、书法、计算机、才艺表演)、上好"三节课"(过关课、观摩课、公开课)和做好"四个一"(一个研究课题、一堂优质课、一篇优秀教案、一篇优秀论文)的竞赛,以竞赛的形式加以引导,以《学校青年教师评价系统》为标准进行考核。要明确体育教师特别是青年教师每人每年要精读两本以上有影响的教育家的专著、体育教学论著或教育教学理论书籍;要经常浏览教育类核心期刊,每年必须订阅两种以上相关的教育杂志;每年必须撰写5千字以上教育教学研究论文或读书笔记;每学期在学校或更大范围内上教学公开课活动不少于1次;每年至少有1篇以上论文在省级以上学术报刊上发表。

体育组教研活动现场

总之,体育教研组的教师之间的关系要做到风雨同行,仅凭一个人的力量无论如何也达不到理想的工作效果,只有通过集体的力量,充分发挥团队精神,教研组全体教师步调一致,齐心协力,相互帮助。体育教研组的团队意识增强,会提高教研组的科研能力、教学能力,会使学校体育事业的明天会更好。

第十章　体育教师的困惑

　　经过了三十多年的大刀阔斧的改革,虽然体育教学已经取得了一定的成就,但就目前为止还未从根本上突破传统教学体系的大框架。这一体系在理论及实践上仍然顽强地影响着当今的体育教学,影响着新课程改革在实践中的推进。在教学操作上,强调教学过程的标准化、规范化和精确化,但是片面的体育教学理论认识束缚了体育教师的理论视野,影响了体育教师对于体育教育的意义、价值的理解。由于今天的体育教学还没有全面反映体育教学过程所承载的多方面教育使命和应有的丰富内涵,因而在理论上导致了体育教学价值认识的简单化,同时也导致了体育实践操作的简单化倾向。

哑铃练习

1.体育教师的困惑

(1)困惑之一

①在课堂上,体育教师把体育技能单向传递给学生,从表面上看,体育的教学意义和价值得以实现了。显然,这种简单化的"身体技艺"操作,妨碍和限制了体育教师的思考,影响了体育教师的理论视野,使得体育实践活动本身趋于简单化。

趣味体育活动场景

按照传统体育教学的操作要求,教学内容的设计要追求高度的完整和细节化,甚至每一个动作,都分解得细致入微。可以想象,在完成这样一个教学流程的过程中,教师在教学现场灵活处置及创造教学变化的发挥空间还能有多大?体育教师被限定在一个狭小、具体的框架内,很难再解脱出来。

②改革与研究过程中出现的越来越强的功利性倾向,正在损害着体育教学改革取得的成果,严重制约着体育教师水平的提高。对于一个教师也好,一个学校也好,体育教学改革或科研工作一旦成为追求地位、声

誉、利益的手段，必然会限制和阻碍人们的思考。如今不少学校出现了一些所谓快餐式的体育教学改革，即出成果快，出成果多，如"快乐体育""俱乐部制"等等，有的脱离实际情况，盲目发展所谓"新式体育教育"。学校各种改革的口号和主张走马灯似地变换，让人眼花缭乱，一时间体育教师和分管体育的领导无所适从，摸不着头脑。当教师处在这种非正常的亢奋过程中，难免陷于思路混乱的状态。

丰富多彩的体育教研活动

（2）困惑之二

在繁重的体育教学任务及繁忙而无序的体育教育改革的双重重负下，体育教师在很多情况下已呈现出疲于应付的状态。过去，总是批评教师给学生太多的东西（什么项目都学，什么项目都学不好）。现在回过头来看，外界也给体育教师灌输了很多东西，体育教师的大脑被塞得满满的，再加上社会对于个人功利性的错误导向，在这种环境中，体育教师很难有冷静思考的时间,也很难在工作中有自己的深刻体会、体验和真正意义上的反思。善于学习本无可厚非,但体育教师所掌握的新东西往往停留在模仿、移植的层面,并没有内化为他们自身的经验和能力,从表面上掩盖了教师成长中的问题。

不少学校所做的研究课题或脱离体育教师的教学实际,远离体育教师需要;或完全为这方面的专家所左右,体育教师成了体育科研的木偶,丧失了研究的主体地位。学校体育科研虽然出了不少成果,但很多并没有内化成教师自身的东西,没有升华为体育教师的教学能力。值得注意的是,如今教师富有个性的、特色的话语越来越少。在体育教师的头脑中,体育理论趋同现象比较严重,这从某种程度上反映了体育教师个性逐步丧失,综合能力下降的问题。总体来看,在这样一个忙碌、紧张的功利背景之下,学校、体育课堂中正呈现出有体育知识,但缺少体育智慧,有体育理论,但缺少体育思想,有体育专家,但缺少体育学者的局面。这种现象应该引起我们的高度重视。

(3)困惑之三

在体育教学中,教师长期形成的一些习惯和工作方式在很大程度上阻碍着体育教师综合能力的提高。主要表现为两类:一是"按部就班"的教学方式,另一类是体育教师实行"灌输式"教学。

①按部就班的教学方式。在这种方式下,体育教师在整个教学过程中所做的主要工作就是简单转移,即把所教的体育知识和动作,从体育教科书、教参书上转移到教案上,然后把教案转移到课堂上,再把教案的内容告诉给学生,一个教学流程就完成了。这是简单的搬运,这样的体育教学过程、教学方式,体育教师很难有什么创造性可言。体育教师的主导地位不能发挥,学生对于这样的课堂也不会产生兴趣,体育课就将

失去原本的意义。

体育教学场景

②体育教师实行灌输式教学。体育教师的本意有点理想化,他们想让学生为以后终身体育意识的建立打下良好的基础,同时,教师也高估了学生的基本活动能力,不言而喻,结果将会适得其反。还有,在学生学习体育动作时,教师对学生的整个思维活动进行人为牵制。课堂中,体育教师虽然不再像过去那样做出唯一的标准动作,或用启发式的方式提出问题,体育教师很快就会以引导性、暗示性的评价语言来解释这个问题,然后在教师的"牵引"下迅速指向所谓的标准式动作。这样传授看似高效了,但是高效背后所牺牲的却是学生独立思考能力及实际解决问题能力发展的空间和权利。当这样的一种方式被普遍运用到教学的时候,所带来的可能是一种灾难。

我们今天提倡研究型教师的培养。研究型教师在教学活动中正由

"复制者"转变为"生产者"。以往的教学过程,只要把现成的教材、现成的辅导资料稍加整理就可完成工作,学生则顺从地、消极被动地接受教师的灌输。当代体育教育应从学生自身的生活经验中,从社会发展的现实需要中造就出各具特色的人。体育教师的作用不是"复制"而是"生产",学生在这种"生产"过程中享受智慧,尝试成功。于是,体育教育就富有了更生动的韵味和含义。

体育活动间歇场景

教师应该从自身和社会发展的需要出发,站在超功利的角度,以完善自我,为社会作贡献的立场看待自己职业。

(4)困惑之四

①体育课到底如何上?当前上体育课的表现有:过去教师教什么,学生就学什么,教学模式比较固定。新课标要求以学生发展为中心,根据学生兴趣爱好、个性差异进行教学,学生学习方式和教师教学行为都

要发生很大的变化,部分教师还不适应这个变化。过去教学大纲规定什么就教什么,而新课标给教师创造、发展留有充分的空间,有些教师对此感到茫然,不知用什么内容进行来教学了。有的教师对心理健康课和社会适应课感到束手无策。过去的体育教学是以运动技能目标为主,而现在要达到五个领域的目标,使得教师不知道通过什么途径才能全面达成课程目标。

体育课堂教学场景

②不知如何看待运动技术问题。过去大纲规定的教学内容主要是竞技运动项目,运动技术的学习也是按照竞技运动的标准进行的。新课标中,体育教学内容是由学校和体育教师来选择和确定,对于运动技术也没有统一的要求与标准,并强调不过分追求运动技能传授的系统性与完整性,不苛求技术动作细节。况且,五大领域目标中运动参与、心理健康、社会适应都谈不上具有运动技术的成分。这就给体育教师造成了一个困惑:体育教学是不是要淡化运动技术?

③不知如何看待学生兴趣的问题。过去体育教学忽视了学生兴趣的问题,不管学生是否有兴趣,体育学习的内容与教学方法都只要按大纲的规定即可。新课标中强调按学生的兴趣来实施体育教学,按学生兴趣来选择学习项目。有的体育教师就完全按照学生兴趣进行教学,学生想学什么就学什么。事实表明,学生感兴趣的运动不一定有利于健康,健康的运动,学生不一定感兴趣,这是一对矛盾。应根据具体教学来选用,不能搞一刀切。

④评价系统不知如何操作。过去教师主要针对运动技能、身体素质进行量性评价,以体育教师的评价为主,大纲给出了统一的评价标准,体育教师只要按章行事即可。新课程要求既要重视量性评价,也要重视质性评价,还要进行过程评价、终结性评价、学生自我评价、家长的评价、相互评价等。评价因素多元化了,但新课标只是设计出了一个评价的框架,没有给出一个具体的评价标准,教师就产生了疑惑,不知如何操作评价系统,于是造成目前评价体系的混乱的现象,致使标准不一,引起学生的不满。

2.产生困惑的原因

(1)客观原因

体育教师是学校体育工作的具体实施者,其工作重心是体育教学。而在当前,体育课程正经历着一场重大的、全新的变革,这是以全新的教育理念为指导的,对原有体育课程进行的深化改革。体育教师的角色由仅仅是一个教材与教材参考书的执行者,教学模式的模仿者,教育理论的旁观者,而变为了课程标准的决策者、学习过程的指导者、促进者,学习活动的设计者、组织者、课程资源的开发者以及体育教育的研究者。这一角色的转变对体育教师提出了严峻的挑战。同时传统教学模式又束缚了教师的独立性、自主性和创造性,造成了体育教师教学的"机械化"。传统教学模式若不能彻底改变,实现体育教师角色的转变只是一句空话。

（2）主观原因

由于体育教师的理论水平普遍较低,他们对新课程的目标理解以及"健康第一"指导思想的理解存在一定的困难,致使体育教师在体育教学的过程中缺乏一定的理论思维和职业思想,他们的工作缺乏创造性。"以教材为中心""以教师为中心"的教学理念忽视了学生的主体地位,造成了"学生喜欢体育,但不喜欢体育课",从而导致师生对体育课共同的"麻木"。这使得体育教师面对新课标时感到极不适应,并因此产生了一定的迷茫和焦虑。

篮球教学场景

3.体育教师的自主发展

（1）体育教师自主发展的目标

面对前所未有的大刀阔斧式的体育教学改革,作为体育教师,必须主动出击,积极创造,建构自我,不偏执、不狭隘、不故步自封地敢于打破已有的内在的均衡,更好地适应学校体育改革,进行必要的自主发展。自主发展的主要目标包括"六个学会":学会等待,学会分享,学会宽容,学会合作,学会选择,学会创新。

①学会等待,意味着体育教师能够用发展的眼光看待学生,能够用从容的心态对待自己的工作:不急于求成,不心浮气躁,不指望一次活动、一次体育课就能够收到立竿见影的效果。因为一种运动技能的形成,运动习惯的养成,心理健康的培育,都不可能是一蹴而就的,而是一个长期的、反复的练习过程。

体育教师研讨会现场

②学会分享,分享是双向的沟通,彼此的给予,共同的拥有。体育教育的过程也就是体育教师与学生一道共同分享人类千百年来创造的体育文化的过程,分享师生各自的运动经验和体育价值观的过程。分享意

味着体育教师更多的是自我的展示：运动技能的展示，健康体魄的展示，人格魅力的展示，而不是运动技术的灌输；是心理健康的引领，技能学习的引领，身体练习的引领，而不是有损身心的强制。学会分享，就要学会欣赏学生任何在体育运动方面的闪光点。

③学会宽容，就是努力使自己变得胸襟开阔、气度豁达；心智不那么闭锁，头脑不那么固执，思想不那么僵化，眼界不那么狭隘，尽可能地尊重多样性，珍视个性。每个学生有不同的生活背景，不同的思维方式，不同的认知水平，不同的身体素质，不同的锻炼习惯，不同的体育态度，不同的体育价值观，不同的体育动机，这就形成了不同的学生有不同的运动能力，对运动项目有不同的选择倾向，对不同的体育教师也会产生不同的情感，在体育课中就会有不同的表现。因此，体育教师在体育教学中必须要学会宽容，尊重学生的个性，发展学生的特长，容忍学生的不足。

体育课堂教学场景

④学会合作,就是意味着对差异、另类,甚至对异端的尊重与接纳;学会必要的妥协、退让、隐忍和放弃而言。体育教学本身就是一种合作的活动,对于体育教师而言,体育教学活动就是与学生、同事、校长及家长合作的活动。所以体育教师需要很好地与学生合作,与同事合作,与校长合作,与家长合作。

⑤学会选择,过去的教学大纲,统一了教学内容、教学方式、教学评价,体育教师没有选择的可能,新课标的实施意味着把选择权交给了老师,教师需要选择教学内容、教学模式、教学方法、教育时机、教学途径。学会选择成了体育教师必备的素质和能力,体育教学活动也成了一个不断选择的过程。这就要求体育教师有非常丰富的积累,有高度的判断力和鉴赏力,如此才能有不俗的选择能力。

⑥学会创新,创新是一种心态,一种工作作风,一种人格特征。体育教师学会创新,并不一定是探索出全新的规律,而是通过自主探究,改进自己的工作,不断尝试新的教学方式和教学风格,能够从不同的角度对那些习以为常、天经地义的体育现象予以重新的审视;对那些司空见惯、熟视无睹的体育现象用心去发现;不断咀嚼,反复琢磨,再三玩味那些理所当然的常规和说辞。具有创新意识的体育教师,也一定具有开放的头脑、进取的精神和探究的兴趣,而这些品质本身就是作为好的体育教师的人格特征和内在资质。"六个学会"是体育教师自主发展的目标,是体育教师在新课标下能够胜任体育教学的条件,也是衡量体育教师专业成熟与否的标尺。

(2)体育教师自主发展的途径

在新课标下,中学体育教师自主发展的途径可以用"听""说""读"

"写""练"五个字概括起来。

①"听"

在过去体育教学大纲指导下,体育教师只能被动地按章行事,只需也只能听取校长和领导的指示。新课标给予了体育教师充分的主动权,体育教师要发展自己的职业必须去听取不同的声音。听社会对体育教学的呼声,听学生对体育课的呼唤,听家长对学校体育的要求,听同事对教学实践的意见,听专家的指导和建议,听自己心灵反思的激荡。只有这样,体育教师的职业发展才能得到提升。

体育教师教研活动现场

②"说"

体育教师的自主发展也需要他们敢于说出自己对教学的想法,说出自己教学的心得。敢于让别人分享自己的"说"。在"说"的过程中,同时也会提高自己的语言表达能力和教学能力。"说"也表示沟通,体育教师要多与学生沟通,与家长沟通,与校长、领导、班主任沟通,与同事沟通,与专家沟通。在说和沟通的过程中,获取更多、更新的信息,使自己的思想得到升华。

③"读"

新课标下,体育教师需要拓展自己的知识面和不断地更新那些过时的知识。这就需要他们多读书,读新书。读哲学、社会学、教育学、伦理学、心理学、生物学、生理学、解剖学、医学等这样的基础学科书籍,读运动生理学、运动解剖学、运动医学、运动生物力学、运动生物化学、人体测量学、人体解剖学等这些体育自然学科书籍,读体育概论、体育社会学、体育史、体育经济学、体育管理学、体育法学等体育人文社会学科书籍,读田径、体操、球类、武术、游泳等体育技术学科书籍。

④"写"

"写"就是写下自己的教学心得,写下自己成功的教学案例,写下自己的教学成果,当然包括写学术论文。撰写学术论文反映着体育教师对体育教育教学、教研活动、自我培训进行研究的认知过程。这一过程既是体育教师发现问题,研究问题,解决问题的能力提升过程,又是体育教师学术信念、科学精神彰显的过程。撰写学术论文不仅要对专业问题进行深究和追问,还要对大量的资料进行检索、筛选、分析和解构,还要寻求相关学科领域成果的帮助和支持。这就为体育教师拓宽视野,积淀专业知识,丰富专业内涵创造了条件。

⑤"练"

体育教学不同于其他学科的教学,身体练习是体育课最显著的特征,运动技术是体育教学的重要媒介,掌握一定的运动技术是体育教师教学的基本条件。而运动技术的保持与突破需要经常训练,否则就会过时和退化,何况运动技术永远都是处于变化与发展之中。体育教师必须要常练,常练的目的不是要求体育教师在运动技术上有突破,而是要熟练掌握最新的技术。体育教师要常练,要保持自己的健康体魄,体现体育教师的形象特征。体育教师要常练,主要是给学生以示范,我们很难想象没有运动习惯的体育教师如何去要求学生保持锻炼的习惯。

第十一章　体育教学立体模式建构

　　立体化研究型教学模式是在现代教育思想指导下,运用现代教育技术构建的新型教学模式,它是以课程为单元,以能力培养为轴心,以教学资源为平台,动用所有教学要素,立体化、全方位地融学习与研究为一体,关注创新教育的教学体系。从内容上说,立体化研究型教学模式主要包括树立研究型教学理念,建设研究型教学资源,确定研究型教学目标,安排研究型课程结构,采用研究型教育方法,讲授研究型教学内容,实施研究型教学过程,落实研究型实践环节,进行研究型课程考核,实行研究型教学评价等。要探索实施立体化研究型教学模式,必须建设研究型教师队伍,创造鼓励创新的教学管理模式,注意各种教学模式的相互配合,营造自主学习的学习氛围,建立民主平等的师生关系。

篮球教学现场

1.立体化研究型体育教学模式的理论依据

所谓教学模式是指在一定的教育思想和教学理论的指导下,在某种环境中展开的教学活动进程的稳定结构形式。立体化研究型教学模式的理论基础之一是建构主义理论,即在各种文化背景下,借助他人的帮助,利用必要的学习资料,通过建构主义的方式获得。在教学过程中,以学生为中心,教师是组织者和帮助促进者,充分发挥学生主动性、积极性和创造性。立体化研究型教学模式的另一个理论依据是最优化教育理论,即根据学生的学习水平和能力的不同,开展不同层面的教学活动,以学定教,以学为本,让所有学生都能生动活泼地学习。立体化研究型教学模式的第三个理论依据是由体育学科独有的特征所决定的,体育学科与众多其他学科具有内在关联,因此在教学内容的设计上要把握这种综合性和交叉性特征,在学生头脑中形成一个"立体化"知识网络。

踢毽子活动

2.体育教学中实施立体化研究型教学模式包含的具体内容

从实践来看,一般包括以下几个方面的内容。

(1)教育目标立体化

它表现为教育目标的多层次性、多侧面性,即培养开拓型、创造型的人才。具体讲,从知识能力结构看,不仅横向广博,而且纵向深邃,他们不仅有学习应用能力,还有社交生活能力;从思想结构品质看,他们不仅热爱祖国,人品高尚,而且具备科学的价值观和为人类解放奋斗的精神;从素质结构上看,他们不仅有良好的政治素质,而且有创新的科学素质,还有健全的身体素质。

棋类活动

(2)教育途径立体化

它表现为教育途径的多渠道。第一渠道是课堂教学,这是一种比较系统的教育渠道。第二渠道是校内的课外教育,这是第二课堂,如开展各种体育比赛和体育兴趣小组等。第三渠道是校外教育,由家庭和社会配合进行,组织学生进行户外体育活动。这些多种渠道的互相联系、渗透,构成了立体化的教育途径。

拔河活动

（3）教育方法立体化

它体现为教育思想方法和教育手段的多层次、多侧面。从教育思想方法上看,时间上要发展地观察分析教育对象。空间上要从局部到整体,从现象到本质,乃至上下左右、纵横交错观察分析教育对象。从教育手段上看既有谈话法,又有活动法;既有语言、文字、情感教育,又有教师的动作示范教育。特别是有效地使用电脑和电视等,使得一些抽象的体育教学内容可以不受时间和空间的限制,直接通过多媒体表现出来,学生易于理解便于记忆,从而有效地提高了教学质量。

(4)教育原则立体化

它表现为教育原则的多层次性、多侧面性。教育原则是根据教育目的和教育过程的规律提出的,在教育实践中所总结出来的,必须遵循的基本要求。从教育主客体上看,有施教者的主导作用与受教育的主体作用相结合的原则;从教育终极要求看,有培养全面发展人才的多元化教育和发展学生个性一元化教育相结合的原则;从教育要求上看,有学习知识与培养力相结合的原则;从教育内容上看,有理论与实践相结合的原则,思想性与科学性相结合的原则;从教育方法上看,有尊重学生与严格要求学生相结合的原则,集体教育与个体教育相结合的原则,教学中的直观性原则、启发性原则、循序渐进原则、因材施教原则;从评价效益上看,有受益者的自我评价与社会评价相结合的原则。

游泳教学现场

3.体育教学立体化研究型教学模式的实践

体育教学立体化研究型教学模式的内容,就是以课程为单元,立体化、全方位地规范教学理念、教学资源、教学环节等十个教学要素。

(1)树立研究型教学理念

树立研究型教学理念是实施立体化研究型教学模式的前提。研究型教学体现了"寓学于研"的核心思想,目的是形成一套有利于培养学生学习能力、创新能力和实践能力的教育新机制,从以传授知识为主要特征的"教学型"教学转变为以培养认知能力为主要特征的"研究型"教学。通过立体化研究型教学模式的实施,提高学生的学习兴趣,开阔学生的体育视野,使学生在学习体育知识的同时,学会发现问题,提出问题,并在分析和解决问题的过程中,培养研究能力,弘扬科学精神。

(2)建设研究型教学资源

要探索立体化研究型教学模式,研究型体育教学资源建设是基本工具。我们的教学资源特别是文字教材过去过分强调体系,强调通用性,而大都对学科前沿和社会热点关注不够。为此,建设体现研究型教学理念的课程内容和教学方式的示范性载体,使课程设置进一步向学科的交叉与综合背景下的"通识教育"方向转变,就非常重要。现代教学资源是一个开放性体系,在教学过程中我们尽最大的努力搜集所能搜集到的一切资源,引导学生围绕教学目标研读,特别是交互式的网络教学快速发展,为研究型教学模式提供了物质支持。

(3)确立研究型教学目标

教学目标是教学模式所要达到的基本目的。研究型教学模式的教学目标,应当是知识、能力和个性三者的有机统一,尤其强调研究能力和学习能力。立体化研究型教学模式在研究能力和学习能力方面,要达到以下几个主要目标：一是获得亲身研究探索的体验，二是培养发现问题和解决问题的能力，三是学会分享与合作，四是培养科学精神。这几个方面依次递进，互相联系，不可或缺。总之，就是立体化研究型教学模式，可以使学生能够敏锐地发现问题、主动地提出问题、积极地分析问题、正确地解决问题。

跳绳活动

（4）构建研究型课程内容

击剑教学现场

研究型课程内容是立体化研究型教学模式的重要媒介。课程内容应当强化知识的生成过程和应用过程,应当重视科学方法、科学态度、科学精神教育,应当突出思维能力、实践能力、创新能力的培养,应当注意学科知识的综合,主张学生独立思考,引导学生自觉进行理论研究。

　　(5)采用研究型教育方法

　　这是实施立体化研究型教学模式的核心。一是教学方式要进一步向知识传授与探索相结合转变,师生互动、教学相长,并以调动学生自主学习、激发学生创造性为主要目标。按立体化研究型教学思路,教学生以学习为主体,开展讨论式教学、启发式教学、参与式教学等。二是特别注意创设研究型教学情景。创设的问题情境应当有趣、真实,能够引起学生的注意和思考,能够引导学生参与其中,进行研究或探索。三是充分发挥现代教育技术的功能优势,包括多媒体信息集成技术、大容量存储技术、超链接技术、网络传输技术和虚拟现实等,既对学生学习进行监控,又培养了学生的信息能力。

体育教学活动现场

(6)讲授研究型教学内容

从讲授的内容来说,主要是引导学生把握该学科的思维方式和研究方法。对最核心的知识点,对最具有迁移价值的学科基本原理进行阐述,即指"四点",即重点、难点、疑点、新点。这样一来讲授的内容少而精,留有足够的学习时间和思维空间给学生自学研究,引导学生多角度、深层次地理解基本原理,对事实性知识点,则少讲或不讲。二则讲授内容宽而新,以学科的发展为大背景,了解课程基本原理在大学科中的定位,以及与学科最新发展的联系,重视学科前沿即"新点"的讲授。

排球教学现场

(7)实行研究型教学评价

教学评价系统遵循学习过程评价和教学目标管理相结合的基本原则,对研究学习过程的知识获取、探索研究、思维创新等多方面能力进行综合评价,对完成教学大纲要求的教学目标进行评价,形成多样化、过程式的综合评价系统。要实施立体化研究型教学模式,就必须要建立研究型的教师队伍,这是顺利实施立体化研究型教学模式的关键所在。立体化研究型教师应当是学术造诣高,教学质量好,创新意识强,改革成果明显的创造型的高素质教师。同时,必须注意各种教学模式的相互配合。任何教学模式都是以一定的条件为转移的,不存在适合一切学生、一切教师和一切课程的模式,最重要的是合理地选择、综合地运用各种教学模式,针对特定的学生、特定的教师和特定的课程条件下,在有限的时间内获得最好的教学效果。

跳步训练

4.立体式教学法在课堂中的运用主要有以下几个方面的积极作用:

(1)有利于调动学生学习的积极性

好动是学生的特点,他们喜欢兴趣盎然的游戏,也喜欢形式多样的活动。运用立体式程序教学法,能增强学生对体育课的兴趣。兴趣是最好的老师,只有注重培养学生的兴趣,才能充分调动学生学习的积极性。

（2）有利于增强学生的体质

立体式教学法能使学生的锻炼热情增强，锻炼效果也得到相应提高。立体式教学法对每一个"步子"的练习，都有定量的要求，教师应该把新授课、复习课、综合课等，设计成较大密度和中等强度的体育课内容，以便于调控学生的运动负荷，使大部分学生都能够接受并完成课堂任务。

绑腿跑步训练

（3）有利于学生学习并掌握基本技能和技术。体育课教学一般采用3～4种教材，其中，以一本教材为主，其他的则作为辅助内容。尽管每节课的内容都比较多，但难度并不大，例如中学体育教学从初一至高三年级的田径教材，均按螺旋结构排列，各年级反复出现，只是在难度上提高了要求。由于增加了课堂容量，学生掌握的动作数量愈多，就愈显得灵敏，在学习新教材时所花的时间也就愈少，从而提高了教学效果。

5.从课堂建构和内容看具体内容

(1)关注教学环节的根本性变革

虽然每种教学模式包含的步骤、方法有差异,但都可以包含在三个阶段里,即准备阶段、导学阶段、应用评价阶段。

①在准备阶段,这些成功的教学模式都极其重视学生学习新知识前的准备工作,重视新旧知识的衔接。它们有的是课堂上通过创设教育情境,启发、诱导学生,建立新旧知识间的联系;有的通过教师准备具体的学习目标,给学生尝试任务,激发学生探究新知识的兴趣;有的是在课堂上新课伊始完成导学任务;有的干脆把导学放到课前去完成,将预习环节纳入教学流程,其实可以用游戏的方式来引出本次课要讲授和所要学习的内容。总之改变传统的学生只简单地玩、拿器材活动的方式上课,学生是需要带着问题、带着思想、带着对新学知识的或深或浅的理解来上课的,并且学完之后能够在实践和比赛中灵活运用。

俯卧撑教学场景

体育教学场景

②在导学阶段,这些成功的教学模式无一例外地打破传统的课堂以教师为中心,甚至放弃那种我们新课程改革后很多教师采用的示范教学模式,不是亦步亦趋地将教师的话语权一点一点转给学生,而是无一例外地倡导学生自学,并让是学生在课堂上在运动的过程当中体会动作的

体育教学场景

重难点。在整个教学过程中,教与学各司其能,教师要充分发挥引导作用,其核心特征是启发性,要循循善诱。学生要真正实现主体地位,就要学会独立学习、独立思考。教师的教探讨的其实不是教法,而是学生的学法,为了学生学得好,教师应该研究怎样教。力图使学习规律变成课堂上可操作的方法,寻找到符合学生认知规律的教学模式。注意掌握教育的时机,即所谓"不愤不悱,不启不发"。

③在应用评价阶段,成功的课堂教学模式无一例外地强调当堂反馈,教师将学生在课堂上的真实学情作为自己授课的起点,教师将强化反馈环节作为提高自己教学质量的保证。在这些有效的课堂教学模式里,他们都不回避运动成绩在当前教育中的重要地位。

体育教学场景

(2)关注课堂教学的层次与结构

较之传统的教学模式,成功教学模式的实践者都意识到,要想让学生将运动技能更好地内化,要考虑帮助学生建立知识的网络化结构。比如建立和谐教学探讨的知识树,每学完一种运动技能引导学生及时在比赛或者练习中运用。教师备课中考虑到不同对象的发展水平,更多体现了对教材结构、教学结构的关注,有利于步骤地提高所呈现的知识和经验的结构化程度,组织好从简单到复杂的有序累积过程。

趣味体育教学活动

（3）关注课堂教学的真实有效性

综观这些成功的教学模式,它们都在追求教学的有效性。有的中学明确提出"课改的目的是课堂教学效益的最大化,要改变过去少、慢、差、费,实现多、快、好、省,将课堂变成师生高效发展的课堂、共赢的课堂。"经过多年的实践与探索,成功教学模式的实践者都意识到,只有面对真实的学生,进行真实的教学,才是教学成功的起点。

（4）关注学生学习积极性的调动

在成功的教学模式里,教师意识到外因要通过内因起作用。所以教师通过一些教学情境的设计,激发学生的学习动机、兴趣和追求的意向,让学生在迫切要求下掌握运动技能、主动地学习。通过建立教师和学生之间的良好沟通,促进学生认知的发展。为了更好地调动学生的积极性,很多教师将教学活动更多地纳入教学体系,例如"教学比赛"等等。不再让学生通过听来获取知识,而是通过学习、尝试完成任务等为主要途径获取知识。学生边运动、边听讲、边动脑、边思考,不同的感官交替进行,可以防止疲惫感产生。事实证明,通过看和练来获取知识比听对学生更有利。

趣味体育活动场景

（5）关注评价对有效课堂教学的推进作用

"没有教不好的学生",什么叫"好",不是指全都升上重点中学,而是无论成绩,还是行为习惯,特别是运动成绩和运动技能,在原先基础上都有很大的改善。把课堂上学生的表现作为推动课堂教学改革的切入点。评价系统已经成为有效课堂教学模式推进的助推器。

综合以上分析可以看到,体育教育是有规律可循的,不过是融合这些理想的教学模式、借鉴教育学、心理学原理,在综合分析具体教学环境的基础上,寻求一种相对理想的教学模式。著名收藏家张伯驹说:"不知旧物,则绝不可言新。"探讨别人的长处,正是我们创新前的准备和起点。

第十二章　如何上好体育公开课

公开课是由教师和学生共同开展的,供旁听和评价的一种公开的教学实践活动。体育课是实现体育教学,完成学校体育任务的重要形式,也是反映体育教师综合素质的窗口。体育公开课更是体育课中的"极品",是常规体育课的提高和精华。一节高标准的体育公开课,从教案中就可以体现出教师富有创意的教学构思,从课的实施过程中就能展示这堂课独具特色的教法及自然流畅的课堂组织,更能通过教师驾驭课堂和组织学生的过程反映体育教师扎实的基本功。一节体育优质课的成功与否,不仅能衡量出教师业务能力的高低,更能体现出集体教学研究成果的价值和意义.那么怎样才能上好一堂体育优质课呢?

体育教学场景

1.“备”是前提

（1）备内容

一节课的教案设计是由它的教学内容所决定的，教师可根据自己的特长喜好，选择自己最驾轻就熟的课型，也可以选择真实反映本地区、本学校体育课程和教学改革的实际发展水平，能较好地利用本地的教学资源，教学特色鲜明，便于学习推广的课型。无论教学内容如何千变万化，任何教师在书写教案前应该认真钻研大纲，吃透教材，理解清楚该课的重点、难点及教学目的，做到心中有数，在备课的过程中设法由浅入难，把难点解释清楚，突出重点，用不同的方式、方法对重点内容进行操练及运用。课程改革的核心是教材的改革，课程标准为教材内容的选择，提供了广阔的空间和有效的途径。例如在广东肇庆举行的观摩课中就出现了一批安全、实用、新颖的器材，如辽宁的“踏板盒”、广东的“自行车轮胎”、江苏的“羊角球”、湖北的“纸盒”等，这些器材具有一物多用，一物巧用的功能，都非常有特色，给人以耳目一新的感觉，成为一道亮丽的风景线。

整理队列

由器材创新到教材创新，发展到教法创新是有经验体育教师常走的研究之路。竞技类教材的改造，地方乡土教材的创编，传统精华教材的重组，现代娱乐内容的引进，都可以极大地丰富我们的教学内容。例如，某位教师在参加录像课评比，讲授《敲锣打鼓赛龙舟》时，他就是利用乡土内容：该地被国家体育总局命名为"龙舟之乡"。针对广大学生每年都观看龙舟比赛但无法亲身体验划龙舟的乐趣的现实情况，体育教师巧妙地将龙舟赛，改为陆地龙舟赛，制作了活灵活现的陆地龙舟，使得学生情绪高涨。

体育教学场景

（2）备任务

体育课成功与失败的标准，关键体现在课的任务完成上。要想全面、具体、准确地确定课的任务，教师就应明确教材的技术、技能要求达到的程度，同时各种教材在教学过程中随着学习程度的递增可以反映出不同的技术程度和特点。如表：

体育课教学任务完成程度计划表

学习程度	技术程度	特点
使学生了解	动作概念	认识、建立动作表现的印象
初步学习	动作方法	处于泛化阶段
初步学会	动作方法——技术	处于分化阶段,有动作表现能力
初步掌握	动作技术	初步建立动力、定型
掌握	动作技术——技能	形成动力、定型
进一步掌握	动作技能	达到动作的自动化阶段
熟练掌握	动作技巧	巩固发展动力、定型

当然,任课教师还需明确发展学生什么身体素质和能力,需培养哪些思想品质,提出什么合理要求,这样教学任务才能获得良好的教学效果。

(3)备教法、组织和学法

一堂课能否吸引学生,取决于它的设计是否灵活,教法是否新颖。教师应在备课时注重创新,力求上出一节有自己风格和特色的好课。

①设计新颖的教法

平铺直叙的讲述剥夺了学生在通过思考后获得知识的成功感,并容易使学生失去参与运动的热情,使课堂变得沉闷。因此,跳出常规的教学模式很重要。例如:广东肇庆举行的观摩课中广东黄村小学的一名老师的篮球教学从学生手中要球开始,然后再从原地拍过渡到行进间拍,从单人拍到合作拍,从双人拍游戏到多人拍游戏,从无对抗运球到有对抗运球,从曲线运球到投低篮。游戏一套接一套,学生学习积极性一波比一波高,环环相扣,直达学习目标。而郑州一位老师则是巧妙运用多媒体辅助教学,展示中学篮球教学的别样风格,由于教学流程设计得合理,使教者轻松,导得巧妙;学者快乐,学得扎实,真是妙不可言!

观摩展示课的体育教师

②构思流畅的组织过程

a.明确所教技术的重难点。明确了重难点才能围绕重难点设计教法,有针对性地进行教学,组织过程才显得有张有弛,形散神聚。

b.明确讲解、示范的时机。课前要准备好讲解的语言,示范的时机、方法、位置。并以此为根据确定学生的活动方向、队形、位置,以确保自己在任课时调队自然,师生配合协调。

体育教学场景

c.明确自己在课堂组织过程中的位置。任课教师只有对自己什么时候该成为中心,什么时候该深入教学等做到心中有数,调队才能有根据、讲解才能有效果、组织才更合理。

d.明确教材间的内在联系。各种教材,虽然发展的身体素质不同,但有其合理性;运动负荷的大小不同,但有其规律性;运用场地器材方法不同,但有其连贯性,这都是使组织过程流畅,不可或缺的重要因素。

③学生学法要有突破

授课教师要真正意识到学生才是教与学这个过程的主体。所以学生的学法不能是一味地模仿、练习,应该是边议边学,自创自练,自控自评等等。

体育教学场景

(4)对学生、听众、突发事件做好准备

①课堂是老师的教和学生的学的双边活动。学生是这项活动的直接参与者,他们的状态直接影响教学活动的效果。因此,教师在备课时应考虑到学生的特点、兴趣及爱好,尽量联系他们的生活实际,走近他们的生活,经常用他们感兴趣的事物或话题来吸引他们的注意,调动他们的积极性。同时也应考虑到不同学生的身体状况及理解能力,让每个同学都有份参与到教师设计的课堂中,都能体会到成功的喜悦,对活跃课

堂气氛，提高学生积极性有极大的帮助。同时，也能使整节课在师生的默契配合中顺利进行。

　　②公开课顾名思义便是一节供大家观摩、评论的课，其有着较强的示范性及表演性。因此，它要求教师在上课过程中不但要考虑学生的学习效果，还要考虑听课者的感受和评价，把他们也融入到课堂中来。这时候，多媒体直观教学手段的运用便给教师提供了极大的方便。有些听课者往往不熟悉所听的课的教学内容及要求，因此在听课过程中较难跟上师生的思路，也就难以对这节课作出正确的评价。多媒体的课件可通过优美而富于动感的设计，直观地把教师所讲授的内容、重点及思路跃然于"幕"上，使学生及听众一目了然、心领神会，营造一种非常融洽的课堂气氛，让听众也感到心怡神悦。

体育教学场景

　　③在课堂当中有时会有些偶发的小事故阻碍课堂教学的顺利进行。教师在备课过程中就要考虑得特别周详，尽量把这些偶发事件的发生率控制为零，或事先作好思想准备，假如事故真的发生了，如何处理？如：上课前先去检查要使用的电教设备是否已经安装或调试好，以免到上课

时出差错;上课要用的图片或其他教具是否准备就绪,并统一放好;如果时间充裕,完成了教学任务却仍未到下课时间,应临时增加哪些活动;又万一时间紧,差不多下课了还未完成准备好的教学内容,该删掉哪些环节等。有了多方面的准备就保证了你的公开课能如你所设计的步骤有条不紊地顺利进行,收到预期的效果。

2."教"是关键

有了优质的教案,能不能有效地实施,能否体现创作、构思的意图,那么"会教"就是关键。

（1）要体现一个"导"字

"导"是整个教学过程的精髓。教师主导作用发挥的优劣主要从以下三个方面进行评价:

①教师和学生在教学活动中的关系,不应是学生盲目地接受教师的讲授,而是学生要有自己的见解。

②教师的教法能否激发、调动学生的学习兴趣和求知欲,进而激发学生的学习兴趣。

体育教学场景

③教师的教法能否准确地控制全局,影响到每一名学生,并与老师保持直接和间接的关系。因此,任课教师在课的进行中,应时刻注意对学生进行各种诱导。例如:"同学们!能不能克服这个困难?""掌声鼓励同学再来一次!"用这类激发性的语言对学生的情绪进行诱导,也可以在学生练习的过程中进行思维诱导,例如:在练习帮扶持手倒立时就可以问学生,"他的动作为什么导致你扶持时特别吃力?"让学生带疑练习,寻找答案。诱导的方法还有很多,诸如行为诱导、示范诱导等。任课教师应在课中不失时机地利用各种诱导引导学生主动地学习。例如:教师参加录像课评比《敲锣打鼓赛龙舟》时,通过播放《龙舟竞渡》这首民歌引入提问,"同学们,知道这首歌说的是我国的哪个传统节日?"(端午节)"你知道端午节有那些风俗和活动吗?"(吃粽子、赛龙舟)"端午节赛龙舟是为了纪念什么?"将学生吸引到课堂中来。

趣味体育活动

(2)要注重一个"授"字。

"师者,传道、授业解惑也。"体育教师也一样,有什么样的"授"直接影响了学生的"解惑"效果。所以教师的教,应该是教方法,学生的学,不仅仅是学技术,更应该懂道理,为终生体育服务。例如:用滚球实验来帮助学生理解翻的要领,用三角平衡实验来让学生明白头手倒立时头和手的位置关系等。有直观实验和模型的帮助,学生理解技术原理和要求往往会事半功倍。正所谓:"授人以鱼,只供一饭;教人以渔,则终身受用。"这样的"授"才能真正达到"解惑"效果。

(3)要注意趣味性的体育教学

教育部体卫艺司副司长廖文科说:"体育课要创造出更多内容多样,形式新颖,富有成效的组织教法,努力提高教学质量,使学生生动活泼地、主动地得到发展。"因此,体育教学不仅要有适合学生学习的内容,还需要在教学方法上讲究教学艺术,用趣味性的教学手段调动学生主动参与的积极性,使之由被动地参与"要我学",变为主动地投入"我要学",趣味性地技能教学应该成为体育课程改革的重要研究内容之一,让学生乐在其中,学在其中。因此任课教师应做到:

趣味体育活动

①教法的选择和搭配上要活。一堂成功的体育课,不仅表现在教学内容的科学组织上,而且还表现在教学方法的正确选用上。体育教学方法多种多样,每种教学方法都具特殊的作用,也有其局限性。教师在备课时要考虑各种教学方法的优劣得失,然后根据教学任务、教学内容、教学对象和教学条件的具体情况,综合地选择和运用讲解、示范、练习等各种教学手段。讲解要注意精讲,讲清动作的准确性和艺术性,准确地显示动作的技术结构和顺序过程,并表现出动作的姿态美。练习要注意多样化,要运用各种有趣的练习活跃课堂气氛,还要注意练习的科学性,让学生按照科学的方法进行练习,加速练习的过程,提高练习的效果。

趣味体育活动

②教学手段要活,要有乐趣。生动活泼的教学情景对学生有巨大的感染力。

③教师可以利用一切机会同学生交流,鼓励学生间交往,深入学生的练习。

（4）抓住一个"会"字

体育教学的核心就是围绕"练"达到"会"字的目的。学生在一堂课中体现出来的"会"，应该是"会学"，而不是"学会"。在练习过程中教师应逐步提高练习的要求，引导学生由浅入深，由简到繁地进行体验，并不断地启发学生，让学生在动手的同时还在动脑，达到"会学"的目的。

3."积累"是基础

俗话说，"滴水穿石"，平时工作中点滴经验的积累是任课教师成功的基石。

（1）形成独特的风格

体育教师的一声口令，一个示范、一个眼神，无不显示教师的魄力和风采，而这一点一滴无不是在日常工作中逐步积累形成的。所以，体育教师在日常工作中应善于发现自身的长处、特点，加以强化，改进自己的不足，这样才能在进行优质课时展示自己的风格。在广东肇庆举行的一次观摩课中参赛老师教学风格各异，有的像邻家大哥热情奔放，循循善诱；有的细致如大姐关注细节，亲切和蔼；有的具有演员气质，技艺高超，动作优美。他们的表现力、感染力、亲和力和驾驭课堂的能力令人羡慕，展示了现代体育教师的风采，充分显示出他们是一批高素质的体育教师。

（2）培养良好的教态

教师就是一面镜子，可以折射出体育教师日常工作态度的影子。如果作课教师平时没有踏实的工作态度，势必在做课的过程中露出"马脚"，使人"窥一点而知全貌"。

（3）积累宝贵的经验

"他山之石，可以攻玉。"一个人的思维空间肯定是局限的，经验不仅要自己积累,更要积极学习他人的长处。

体育教学现场

(4)获取前卫的信息

全方位获取各种信息,大胆地进行教改、教研,并将成果运用到优质课中,这样的优质课定会令人耳目一新,也更有社会意义。诚然,一节成功的优质课对体育教师来说非常重要,但重要的是以此为契机,促进教学研究,更好地为提高全民素质服务,才是我们的最终目标。

4."反思"是关键

(1)预设目标完成情况分析

对课前准备即预设目标的达成情况进行反思,在这里教师应考虑课前教学内容的安排、教学方法的选择、对学生实际情况的了解、器材的选用和摆放等等,是否与预设目标达成一致,如果出现问题就要找出根源所在。

（2）达成目标分析

反思教学目标的完成情况，教师在课中每一个环节的表现，学生的表现。

体育公开课是反馈和检验体育课程改革成果的一个重要窗口，它展现了我们一线体育教学工作者实践探索的经验。一节体育公开课往往凝聚了许多体育工作者的心血，体现出鲜明的教学思想，在教学模式、学习方法、评价方法、组织教法、器材选用等方面也迸发出许多"闪光点"，真诚地希望每一位同行能受到些许启发，能做出更多、更好的体育与健康公开课，为我国体育与健康教学作出贡献。

第十三章　新体育课程标准与体育教师观念的转变

《中共中央国务院关于深化教育改革全面推进素质教育的规定》指出:"健康体魄是青少年为祖国人民服务的基本前提,是中华民族旺盛生命力的体现。"学校教育要树立"健康第一"的指导思想,切实加强体育工作。面对新的体育课程标准,体育教师必须适应现代教育的需求,与时俱进,转高精尖观念。本章将阐述对新体育课程标准的一些认识与思考,进而提出需要体育教师转变观念的几个方面。

一、对新体育课程标准的认识

1.一个指导思想——健康第一

体育课程是以提高学生身体、心理和社会适应能力整体健康水平为目标,构建了技能、认知、情感、行为等领域并行推进的课程结构,其融合了体育、生理、心理、卫生保健、环境、营养等诸多学科领域的有关知识,真正关注学生的健康意识、锻炼习惯和卫生习惯的养成,将增进学生健康贯穿于课程实施的全过程,确保"健康第一"思想落到实处,使学生健康成长。体育教学大纲则主要是以"增强学生体质"为指导思想,相对忽略心理健康和社会适应这两个健康维度。

2. 两个为本——以育人为本,以学生发展为本

新体育课程标准更为彻底地摒弃了以前我国基础教育课程那种"学科中心论"的教学模式,强调在学校体育中要"以人为本、以学生发展为本"。重视"以人为本、以学生发展为本",就要明确学生是学习和发展的主体。体育知识、技能是学生学习的客体。在体育教学中教师要充分发

挥学生的主观能动性,发挥学生的主体作用。

体育教学场景

3.三个目标体系

新课程标准包括具有递进关系的三个层次目标,即课程目标、领域目标和水平目标,这使得课程目标更加具体化,更具操作性,而体育教学大纲则只有比较笼统的,操作性不强的课程目标,且教材内容、评价内容与目标要求不一致。

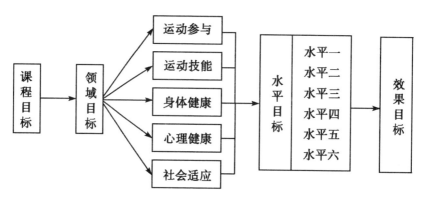

新课程标准的目标体系示意图

4.四个课程基本理念

新体育课程标准进一步规定了体育课必须注重学生身心健康发展，强调了体育教育增进学生心理健康和社会适应的功能。在体育教学层面上将体育功能延伸至社会生活，并以此提出了四个基本理念，即(1)坚持"健康第一"的指导思想，促进学生身心健康成长；(2)激发学生体育活动兴趣，培养学生终身体育意识；(3)以学生发展为中心，重视学生的主体地位；(4)关注个体差异与不同需求，确保每个学生受益。它不仅符合当代教育发展的趋势，明确了体育教学的目标，而且有利于创新人才的培养。

5.五个领域目标

新体育课程标准推陈出新，拾遗补缺，以发展的观点提出了五个领域目标。即：运动参与、知识技能、身体发展，心理发展、社会适应。这五项领域目标在培养人才方面，有利于学生身心健康的发展、有利于学生个性的张扬，更适应于现代社会教育，适应于社会未来。

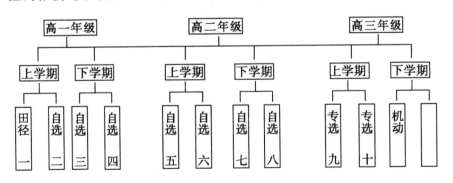

学分制模块化管理示意图

健康教育 18 个学时分布在上面 11 个模块当中，占 1 个学分（高三下学期机动）。

二、对新体育课程标准实施的思考

1.新体育课程标准下体育课教学内容的选择

新体育课程标准下体育课教学内容的选择,不再像以前教学大纲那样有统一规定,因而教学内容选择上应该是灵活多样的,但同时也要注意处理好几个关系:

(1)系统知识与系列活动的关系,教学内容选择的关键是要在"健康第一"的指导思想下,面向全体学生,注重学科课程中知识、原理和技术在活动中直接经验的感受与体验的相互转换,使学生愿学乐练,受益终身。

(2)考虑到民族地区及城市与乡村差异

中国武术——棍术(漫画)

尽可能地从实际出发,挖掘乡土教材和民族传统教材。注重所选教材的特点,突出当地的特色,尤其是发展身体素质的练习教材、游戏类教材、乡土教材、民族传统教材、韵律体操与舞蹈教材、娱乐体育教材等选用上，可不拘一格、敢于取材，大胆创新。

体育舞蹈教学场景

2.新体育课程标准下体育课教学结构的变化

首先，从师生关系上讲，教学活动中教师再不是一味地传授体育基本知识、技术与技能，而是启发、诱导学生根据计划目标、自身的兴趣、爱好，主动地参与体育活动项目的练习，教师的作用重在引导和指教。其次，从组织教学方法上讲，技术、技能的学习不再是精讲多练，教师一统课堂的教学模式，而应该是多种教学方法、手段及组织形式的聚集，只是在必要的时候向学生进行适当的示范、表演、指导及总结。教师的作用重在引导和指导学生进行练习，并通过创新求趣，张扬学生个性，进而缩短个体差异，确保每个学生受益。

举重(漫画)

体育教学场景

3.新体育课程标准与体育课的评价体系

　　长期以来,我们的教学评价体系过于注重对学生身体能力的评判,而忽略了教学评价督促与鼓励学生进一步学习及通过反馈改进学习的功能,也忽略了身体差异与体能大小,于是教师与学生只追求分数的高低,致使客观上的分数与实际能力脱钩。因此不利于发现与发展学生各方面的潜能,不利于了解学生的需求,不利于帮助学生正确认识自我和确立自信。其数字式的分值往往损伤了学生的自尊,扼制了学生个性的张扬。新的体育与课程标准提出了过程评价与终结性评价相结合,教师评价与学生自我评价相结合,以及与学生互相评价相结合,同时又专门提出了重视学生个体差异,强调对所学知识、技术与技能的了解与运用,重视参与性、健身性及娱乐性的统一。

传递接力棒

三、体育教师观念的转变

在剖析了新体育课程标准后,体育教学中教师所起的作用明显有了变化。新体育课程标准的提出减少了体育教师在教学过程中的"专统"现象,而增加了"灵动"教学,将由以前的教师为主体而转变为学生为主体。因此,此次课程改革,特别是新体育课程标准的实施将使体育教师的观念产生根本性的改变，总结如下：

足球运动（漫画）

跳水运动（漫画）

1.体育教师必须有终身学习观

当今社会已经进入一个需要终身学习的时代,任何一个人从学校拿到毕业证书,还远远不能适应以后工作和生活的需要。他必须终身学习,从为获取某种任职资格而学习转变为终身学习,体育教师也同样如此,身为教师,必须成为学习者。"做一辈子老师"必须"一辈子学做老师"。教师只有再度成为学生,才能与时俱进,不断以全新的眼光来观察和指导整个教育过程。体育教师要注重教学方法的研究。在掌握教育学、心理学基本知识的基础上,还要掌握大量特殊案例,从而掌握教育好不同学生的方法。学生学不好,往往是教师教学方法不得当。通过案例的反思,研究改进教学方法,是体育教师提高自身素质的一个极为重要的途径。为此,体育教师要积极参与体育教育科研,把广大体育教师从凭借经验转变为凭借科学方法。从而把握体育教育教学的规律,提高体育教学质量和效益。

2.体育教师要从以教师为本转变成以学生为本

过去传统的体育教学中,教师的主体作用十分突出,往往只重视由教师单向传授知识,而造成了学生的能动性和潜能得不到开发,进而使学生失去了判断和选择的自由。新体育课程标准指出:"要以学生发展为中心,重视学生的主体地位。"体育课程关注的核心是满足学生的需要和重视学生的情感体验,促进全面发展的社会主义新人的成长。从课程设计到评价的各个环节,始终把学生主动、全面发展放在中心地位。在注意发挥教学活动中教师主导作用的同时,特别强调学生主体地位的体现,以充分发挥学生的学习积极性和学习潜能,提高学生的体育学习能力。从体育教育角度来说,最起码是必须摒弃强制的教育观念和方法,使体育教育过程成为教师启发诱导学生积极参与学习和自我教育的过程,以充分发挥学生的主观能动性,培养他们学会学习与自我教育的能力和习惯。

体育活动现场

绑脚跑步场景

3.体育教师要从"为教而教"转变成"教是为了最终达到不需要教"

教书育人是教师的职责,但不能为教书而教书。(1)体育教师为了最终不需要教,要重在教学生掌握方法学会学习。在当今这个时代"学会学习"比"学到什么"重要得多,"授人以鱼,不如授人以渔"。方法习得的价值远远大于知识的习得。通过教育获得的知识总是有限的,而掌握了方法,知识的获取将是无限的。(2)体育教师为了最终不需要教,还要注重启迪学生的智慧。教师要变传统的教学为启迪学生智慧的领悟。(3)体育教师为了最终不需要教,要敢于和善于给学生必要的、足够的自由支配时间,学生只有有了充分的空闲时间才能产生辽阔无边的奇思妙想,只有在独立思考时,才能让创新意识有萌芽的机会。

拓展训练场景

4.体育教师要正确认识和对待学生的体育兴趣

体育兴趣是学生从事体育学习和锻炼的内在动力,新体育课程标准反复强调要重视培养、激发和保持学生的运动兴趣,并指出:"运动兴趣和习惯是促进学生自主学习和终身坚持锻炼的前提,是实现体育课程目标和价值的有效保证。"随着我国的改革开放,在现代教育思想的影响下,在学校教育中,学生的主体地位逐步得到确立。因而,在体育教学中,要重视激发和培养学生的体育兴趣,并不断地强调,并达成共识,然而一些体育教师却把学生的体育兴趣当成体育课程的唯一依据。例如,某教师通过对学生"最感兴趣的体育项目"的调查得知耐久跑排序最后,于是在教学过程中忽视对学生的耐力锻炼,认为这满足了学生的体育兴趣,其实这种教学观念是不对的,因为在实际工作中任何一所学校都不可能完全满足学生各种不同的体育兴趣。如果学生对学校可能提供的体育学习内容都不感兴趣怎么办?是否可以不学不练了呢?当然不行,因为体育学习和锻炼不仅是个人的需求,也是国家和社会的要求。学生的体育兴趣当然不是天生的,而是在后天的体育实践中形成和发展的。体育教师一方面要改革教法,改进体育活动的方式,以激发学生体育学习和锻炼的直接兴趣;另一方面要加强对学生体育价值观和社会责任感的教育,以提高其体育学习和锻炼的间接兴趣,这是体育教师的职责,也是学校体育区别于大众健身的一个重要标志。

5.体育教师要注重学生的个体差异

在过去,我们忽视了学生存在的个体差异,只注重学生个体能力的体现。统一的体育达标标准、分数高低的评价尺度都严重地损伤了学生的自尊,不利于发展学生个体的不同潜能,新体育课程标准将使得这一现象彻底改观。教师要充分地考虑学生的个体差异,保证每个学生受益,具体可以从三个方面来落实:多数学生的体育水平是开展学校体育工作的基本依据,让体育尖子发展得更好,重点抓好体育差生的转化。其中第三点最难,有些体育教师虽然也在他们身上下过很大的功夫,但却收效甚微,久而久之就只好顺其自然了。然而,素质教育要求我们须尊重和维护每一个学生学习和发展的权利,承认学生的个体差异,使每一个学生都学有所得,学有所成。因而矛盾的焦点就集中到了少数体育差生身上。由于体育差生形成的原因很复杂,其转化工作又受到教学条件、教学观念、师资水平等诸多因素的制约。所以体育差生的转化工作是当前实施新课标后的一个难点,能否做好体育差生的转化工作,也成为了体育教师实施素质教育,贯彻新课标能力的一种考验。

排球运动(漫画)

轮滑运动场景

四、结束语

总之,新体育课程标准的实施给学校体育教学带来了一场革新,它将更有利于实现体育的社会功能,体现体育育人的价值,并且也给体育教师在观念上带来了根本的转变。我们必须要有充分的思想认识,不断地转变思想观念,正确认识与理解新体育课程标准提出的健康概念和内容,深入地学习课程基本理念、课程目标与学习领域目标,并从思想到行动上自觉地按照新体育课程标准的要求开展体育教学。体育教师在教学过程中应与学生积极互动、共同发展,要处理好传授知识与培养能力的关系,注重培养学生的独立性和自主性,引导学生质疑、调查、探究,在实践中学习,促进学生在教师指导下主动地、富有个性地学习。体育教师应尊重学生的人格,关注个体差异,满足不同学生的学习需要,创设能引导学生主动参与的教育环境,激发学生的学习积极性,培养学生掌握和运用知识的态度和能力,使每个学生都能得到充分的发展。

趣味体育活动

第十四章　中小学拓展训练

　　现在的中小学学生课业压力重,各级学校把教学任务提前化,幼儿园小学化,小学初中化,初中高中化。中小学生被赋予了与年龄不相符

拓展训练

的"重任"。在担当这些繁重学习压力的同时,以独生子女为主的学生群体由于独自学习时间过长,缺乏与同学、老师、家长的交流,导致了青年一代缺乏团队合作意识及创新意识,他们被禁锢在课本的范围之中,为了升学而死读书、读死书,忽略了人格、体质、社交意识的全面发展。在由国家实施"阳光体育"之际,如何调节中小学生的课余生活,使之走出之前尴尬的怪圈,成为身心全面发展的青少年一代,为以后的机遇和挑战做好准备,成为一个非常有意义的课题。

1. 拓展训练简介

拓展训练英文为 Outward Development,又称户外拓展训练(Outward Bound),原意为一艘小船驶离平静的港湾,义无反顾地投向未知的旅程,去迎接一次次挑战,去战胜一个个困难。拓展训练通常利用崇山峻岭、瀚海大川等自然环境,通过精心设计的活动达到"磨练意志、陶冶情操、完善人格、磨炼团队"的培训目的。

出海远行

（1）拓展训练起源

拓展训练起源于第二次世界大战。当时,盟军在大西洋的船队屡遭德国纳粹潜艇的袭击。在船只被击沉后,大部分水手葬身海底,只有极少数人得以生还。英国的救生专家对生还者进行了统计和分析研究,他们惊奇地发现,这些生还者并不是他们想象中的那些年轻力壮的水手,而是意志坚定懂得互相支持的中年人。经过一段时间的调查研究,了解

拓展训练场景

情况,专家们终于找到了这个问题的答案:这些人之所以能活下来,关键在于这些人有良好的心理素质。于是,提出"成功并非依靠充沛的体能,而是强大的意志力"这一理念。当时德国人库尔特·汉恩提议,利用一些自然条件和人工设施,让那些年轻的海员做一些具有心理挑战的活动和

项目,以训练和提高他们的心理素质。后来他的好友劳伦斯在1942年成立了一所阿德伯威海上训练学校,以年轻海员为训练对象,这是拓展训练最早的一个雏形。第二次世界大战以后,在英国出现了一种叫做Outward Bound 的管理培训,这种训练利用户外活动的形式,模拟真实管理情境,对管理者和企业家进行心理和管理两方面的培训。由于拓展训练这种非常新颖的培训形式具有良好的培训效果,于是很快就风靡了整个欧洲的教育培训领域,并在其后的半个世纪中发展到全世界。训练对象也由最初的海员扩大到军人、学生、工商业人员等各类群体。训练目标也由单纯的体能、生存训练扩展到心理训练、人格训练、管理训练等。

（2）拓展训练在国外的发展

第二次世界大战结束之后,Outward Bound 这所新型学校并没有因为其历史使命的结束而结束。这种具有独特创意的特殊训练方式也逐

拓展训练(漫画)

渐得到了推广。1946 年,Outward Bound 信托基金会(Outward Bound Trust)在英国成立,目的是推广 Outward Bound(简称 OB)理念,并筹集资金创办新的 OB 学校,OB 信托基金会拥有 OB 的商标,掌握着该商标使用许可证的发放。1962 年美国人乔什·曼纳在美国成立科罗拉多 OB

合作(漫画)

学校,并于 1963 年正式从 OB 信托基金会获得许可证书,成为真正将拓展训练推广开来的人。将拓展训练在学校教育推广开来的是美国一所高中的校长皮赫。经过不懈地努力,皮赫将拓展训练的方法应用于学校教育中,与现存的学校制度结合起来,为教育开辟了新的思路和领域。1974 年,外展训练实践活动的大纲出台后,得到了世人的瞩目和好评,该大纲被"全美教育普及网络"评选为优秀教育大纲之一。随后,在美国高中课程大纲中,一直沿用该计划的学校达到 90%。1964 年 1 月 9 日,组成 OB 法人组织(Outward Bound Inc)的文件在美国起草,经过不断地发展,OB 学校已经遍及全球五大洲,共有四十多所分校。在亚洲地区,新加坡最早建立了 OB 学校,此后中国香港、日本、韩国先后引进这种体验式教育的课程模式。

(3)拓展训练在国内的发展

1970 年,中国香港成立了香港外展训练学校。这是中国第一个加入 Outward Bound 国际组织的专业培训机构,1999 年,该组织在广东肇庆建立了外展训练基地,是国内第一个该组织下属的培训基地。1994 年,刘力先生把"拓展训练"这 4 个字抢先注册,创办了国内第一所专业的体验式培训机构——北京拓展训练学校,并将其体验式培训产品命名为拓展训练。

1995 年 3 月 15 日,"人众人教育"成立了。1996 年知名培训品牌——拓展训练得以创立。拓展训练以独特的培训模式和新颖的培训项目,给国内的培训领域带来了前所未有的震撼。经过短短几年的发展,培训机构犹如雨后春笋般的增长。据北京奥特世纪拓展师培训中心整理的数据显示,在国内比较正规且形成规模的拓展培训机构已有 328 家,而参与组织拓展训练或"类拓展训练"的机构,包括户外运动俱乐部、管理咨询公司等已超过千余家。1999 年,我国拓展训练在经历了四年的发展和提高后,和学校教育在培训活动中有了第一次亲密接触。北京大学、清华大学的 EMBA 学员也把拓展纳入课程体系之中,让学生到拓展培训公司参加拓展活动。几乎在同一时期,中欧国际工商学院、中山大学岭南学院、浙江大学、中国工商管理学院、暨南大学等学校的 MBA 教育中,也纷纷把拓展作为指定课程内容。

(4)拓展训练的突出特点

投入为先:拓展训练的所有项目都以体能活动为引导,引发出认知活动、情感活动、意志活动和交往活动,有明确的操作过程,要求学员全情投入才能获得最大价值。

挑战自我:拓展训练的项目都具有一定的难度,表现在心理素质的考验上,需要学员向自己的能力极限挑战,跨越"心理极限"。

拓展训练场景

熔炼团队:体验团队的伟大力量,增强团队成员的责任心与参与意识,树立相互配合,相互支持的团队精神和群体合作意识。

高峰体验:在克服困难,顺利完成训练项目要求以后,学员能够体会到发自内心的胜利感和自豪感,获得人生难得的高峰体验。

自我教育:培训师只在训练前把课程的内容、目的、要求以及必要的安全注意事项向学员讲清楚,活动中一般不进行讲述,也不参与讨论,充分尊重学员的主体地位和主观能动性。

通过拓展训练,参训者在以下方面有显著的提高:认识自身潜能,增强自信心,改善自身形象;克服心理惰性,磨炼战胜困难的毅力;启发想象力与创造力,提高解决问题的能力;认识群体的作用,增进对集体的参与意识与责任心;改善人际关系,学会关心,更为融洽地与群体合作。

拓展训练场景

（5）拓展训练课程

拓展训练的课程主要由陆、海、空三类课程组成。水上课程包括:游泳、跳水、扎筏、划艇等;野外课程包括:远足露营、登山攀岩、野外定向、伞翼滑翔、野外生存技能等;场地课程是在专门的训练场地上,利用各种训练设施,如高架绳网等,开展各种团队组合课程及攀岩、跳跃等心理训练活动。

下面介绍一些拓展训练项目:

雷区取水

①雷区取水

项目介绍:在一个直径5米的深潭中间有一盆水,你要在仅用一根绳子,不接触水面的情况下取到全体队员的救命宝物,想一想可能吗? 团队的智慧可以把它变成事实。

项目目的:提高队员组织、沟通和协作的能力和技巧、团队的领导艺术和技巧;将人力资源合理分配和运用;认识到行动之前的讨论和计划对于事情的成败起重要作用;培养人处理事情良好的计划性和条理性;培养队员集体荣誉感,为团队勇于奉献的精神。

②无敌风火轮

无敌风火轮

项目介绍：提供的只有报纸，剪刀，胶带。靠大家的智慧和团队的协作走完一段不容易的路程。

项目目的：合理配置资源，分工配合；检验组织成员工作主动性，建立团队自己的节奏；认识到协调一致对组织的重要性，使个人与团队的相互作用（个人的能量只有通过组织才能发挥出来，如果个人与团队目标不统一，个人能量越大，对组织的破坏性越大，个人发展必须跟上组织的节奏）；对领导认同，有明确的团队目标，能进行有效的沟通与合作。

③背摔

项目介绍：参加实施的队员，两手反交叉握拢弯曲紧贴于胸前，两脚并拢，全身紧绷成一体；后倒时，头部内扣，身体不能弯曲，两手不得向外打开。参加保护的队员，两腿成弓步且相互抵紧，两手搭于对方肩上，掌心向上,上体和头部尽量后仰,当实施队员倒落时,全身协力将实施队员平稳接住。

项目目的:信任环境的营造建立,换位思考的意识,通过身体接触、实现情感的沟通信任与责任。

背摔

④断桥

项目介绍:参训队员爬越9米高的断桥立柱,站立于断桥桥面之上,两臂自然平伸,保持身体平衡。之后移步至桥面一侧边缘,以脚的蹬力,使身体向前跃出,跨过断桥落于桥面另一侧,平稳走到终点。

项目目的:成功与失败永远只差关键的一步,勇敢地跨出这一步,成功就属于你。克服紧张情绪,战胜恐惧心理,果断执行,借助外势、建立突破自我、挑战困难的自信心与勇气。

⑤孤岛求生

项目介绍:将所有队员分成三组,安置于三个已规定的岛上(珍珠岛、瞎子岛、哑巴岛)各组队员扮演各自岛上的角色,在规定的时间内,按规定完成任务。

项目目的通过团队配合与沟通协作,实现团队的动态管理及有效的沟通与协作,从而达到从新角度对管理的诠释。

⑥有轨电车

项目介绍:两块木板就是一双鞋子,全组队员双脚分别站在两块木板上,双手抓住系于木板上的绳子,向指定的方向行进。

有轨电车

项目目的:提高队员组织、沟通和协作的能力和技巧及团队的领导艺术和技巧、人力资源的合理分配和运用;明确行动前的讨论和计划对于事情的成败起重要作用;培养人处理事情良好的计划性和条理性;培养队员集体荣誉感,为团队勇于奉献的精神。

⑦鳄鱼潭

项目介绍:利用三个油桶、两块木板,所有人不得落地,安全通过一个个的鳄鱼潭。

项目目的:统一沟通标准,避免因标准的不统一而造成大家的混乱,遇到延误时间、沟通的问题,如何解决?什么是最好的方法与最有效的方法,其中最适合团队的办法就是最好的办法;制订行动计划时注意工作的前瞻性;正确分析资源,有效利用资源;进行细节管理,不论多完美的计划,如果在操作过程中不谨慎,一切就都要从新开始。

⑧时速极限

项目介绍:下达开始的口令后才可以采取行动。所有队员不能进入绳圈内,不能接触除数字外的区域。拍数字必须按数字的顺序进行,不能漏拍或同拍。项目过程中,不能有队员讲话或发出其他声音。必须在规定的时间内完成。

项目目的:了解群体决策的方法及意义,启发战略管理眼光;大胆尝试,勇于百分之百全力地付出;挑战未知领域,培养创新意识;合理地分工与合作,资源优化配置;认识统一指挥的意义与重要作用。体会团队的领导技巧的运用、角色的合理分配,避免"熟练工"对团队造成的负面影响,团队学习保证新的创意。

⑨毕业墙

毕业墙

项目介绍:团队在没有任何器材的情况下共同努力翻越 4 米高的
墙壁。

项目目的:进自我管理与定位,有甘为人梯的精神。用团队的协作与激励共建高效团队。

钻电网

⑩钻电网

项目介绍:面对高压电网,参加者必须同心协力,尽量避免伤亡,以最小的代价换取最大的胜利。

项目目的:改变沟通方式,知道如何理解、倾听他人,如何让他人更能接受;如何合理分配资源,明确资源的浪费与团队目标的关系;认识到个人的利益与整个团队的利益关系将直接决定目标的达成。此培训项目强调整体协作与配合,好胜与莽撞都将遭遇淘汰,只有依靠团队的力量才能顺利完成任务。

户外拓展是一种有别于一般聚会活动与旅游的全新的体验式户外活动。通过户外拓展训练,参训者对自身潜能有了新认识,战胜困难的毅力,以及人际交往、团队的融合各方面能力都会有显著的提高。

拓展训练场景

（6）拓展训练组成

①团队热身

在培训开始时，团队热身活动将有助于加深学员之间的相互了解，消除紧张，团结团队，以便轻松愉悦地投入到各项培训活动中去。

拓展训练场景

②个人项目

本着心理挑战最大,体能冒险最小的原则设计,每项活动对受训者的心理承受力都是一次极大的考验。

③团队项目

团队项目以改善受训者的合作意识和受训集体的团队精神为目标,通过复杂而艰巨的活动项目,促进学员之间的相互信任、理解、默契和配合。

④回顾总结

回顾将帮助学员消化、整理、提升训练中的体验,以便达到活动的具体目的。总结,使学员能将培训的收获迁移到工作中去,以实现整体培训目标。

(7)拓展训练环节

体验——分享——交流——整合——应用(循环往复)

①体验

此乃过程的开端。参加者投入一项活动,并以观察、表达和行动的形式进行。这种初始的体验是整个过程的基础。

②分享

有了体验以后,最重要的就是参加者要与其他体验过或观察过相同活动的人分享他们的感受或观察结果。

③交流

分享个人的感受只是第一步。循环的关键部分是把这些分享的东西结合起来,与其他参加者探讨、交流以反映自己的内在生活模式。

④整合

按逻辑的程序,下一步是要从经历中总结出原则或归纳提取出精华。并用某种方式去整合,以帮助参加者进一步定义和了解体验中得出的成果。

⑤应用

最后一步是策划如何将这些体验应用在工作及生活中。而应用本身也成为一种体验,有了新的体验,循环又开始了。因此参加者可以不断进步。

(8)拓展训练特点

①综合活动性

拓展训练的所有项目都以体能活动为引导,引发出认知活动、情感活动、意志活动和交往活动,有明确的操作过程,要求学员全身心地投入。

②挑战极限

拓展训练的项目都具有一定的难度,表现在心理考验上,需要学员向自己的能力极限挑战,跨越"极限"。

③集体中的个性

拓展训练实行分组活动,强调集体合作。力图使每一名学员竭尽全力为集体争取荣誉,同时从集体中吸取巨大的力量和信心,在集体中显示个性。

④高峰体验

在克服困难,顺利完成课程要求以后,学员能够体会到发自内心的胜利感和自豪感,获得人生难得的高峰体验。

⑤自我教育

教员只是在课前把课程的内容、目的、要求以及必要的安全注意事项向学员讲清楚,活动中一般不进行讲述,也不参与讨论,充分尊重学员的主体地位和主观能动性。即使在课后的总结中,教员只是点到为止,主要让学员自己来讲,达到自我教育的目的。

⑥能力提高

通过拓展训练,参训者在如下方面有显著的提高:认识自身潜能,增强自信心,改善自身形象;克服心理惰性,磨炼战胜困难的毅力;启发想象力与创造力,提高解决问题的能力;认识群体的作用,增进对集体的参与意识与责任心;改善人际关系,学会关心,更为融洽地与群体合作;学习欣赏、关注和爱护大自然。

(9)拓展训练魅力

拓展训练

为什么"拓展训练"能有如此大的魅力呢? 说到企业培训,人们通常就会联想到各类文凭培训班或各种 MBA 培训班,实际上,知识和技能都是有形的资本，而意志和精神则是无形的力量。在实际生活和工作中，动手能力和坚定、坚韧的意志往往比起书本的知识更为有效和实用。同时，如何开发出那些一直潜伏在你身上，而您自己却从未真正了解的力量，怎样才能弄清您与他人的沟通和信任到底能深入到什么程度？这些，就是拓展训练的真正意义。

(10)拓展训练的价值

良好的团队精神和积极进取的人生态度，是现代人应有的基本素质，也是现代人人格特质的两大核心内涵。在现代社会，人类的智慧和技能只有在这种人格力量的驾驭下，才会迸发出耀眼的光芒，于是拓展训练应运而生。

拓展训练

其作用主要在于拓展人的价值观除此之外，还可以开发以下优秀品质。

积极主动：积极的工作态度和人生态度是拓展精神的核心。乐观自信，从我做起，言必行，行必果。

开拓创新：以开放的心态，应对变化，积极进取。

认真负责：人和事因认真而完美，注重细节是专业化的表现。坚守承诺，积累信用。

独立协作：独立自主，各司其职，独当一面。个人和公司的竞争力来自你不可替代的价值。高水平的独立，才有可能带来高水平的协作。局部利益服从整体利益，以双赢的心态创造最大动力。

共享成功：成功来自每个人的努力和贡献，成功是协作的结晶；共享成功的经验，共享成功的好处。但共享不是平均分配，吃大锅饭。

拓展训练

2. 教育体系症结及中小学体育教育简况

我国的教育体系比较规范,很注重中国传统的价值观、道德观、伦理观教育,但是对孩子的综合能力和动手实践能力的培养不太重视,这样将使孩子无法适应未来社会对人才选择的要求。目前,我国的基础教育系统正在由"应试教育"向"素质教育"转轨。要想从"应试教育"的误区中突围出来,就必须从寻找其薄弱处下手。而这个薄弱处正是长期被忽略和冷落的创新教育。我们要讨论的是如何充分发挥体育课的教育及锻炼功能,在提高学生身体素质的同时使之养成团队合作意识、终身体育的意识以及最为重要的创新意识。从 1985 年开始我国对青少年体质健康进行的 4 次调查显示:中国青少年的体质在持续下降。与体能下降相伴随的,是青少年心理状况的不良趋势,如情绪调整能力差,挫折反应不适当,心理承受力较弱等。总体来讲,我国的体育教育仍处于探索发展阶段,没有一个真正完善的制度来保证学生身体、心理素质的全面发展。

校园拓展训练

3."阳光体育"的提出

为全面贯彻党的教育方针,认真落实"健康第一"的指导思想,教育部、国家体育总局、共青团中央决定从 2007 年开始,伴随《国家学生体质健康标准》的全面实施,在全国各级各类学校中广泛、深入地开展全国亿万青少年学生阳光体育活动。为了深入持久地开展这项活动,教育部明确出要求:阳光体育运动要和学校体育活动,与体育教学密切相连;通过体育锻炼,培养终身体育意识,养成自觉进行体育锻炼的习惯。阳光体育运动以全面实施《国家学生体质健康标准》为基础,以"达标争优、强健体魄"为目标,营造浓厚的体育氛围,掀起体育锻炼的热潮,让"健康第一""每天锻炼一小时,健康工作五十年,幸福生活一辈子"的口号家喻户晓、深入人心。

4. 拓展训练理念是否适合中小学生的辨析

(1)拓展训练的理念及发展现状

拓展培训起源于英国,这是一种源自战争的训练方式,拓展训练是以学员的亲身体验为核心的,对人深层次的心理施加影响的活动方式。

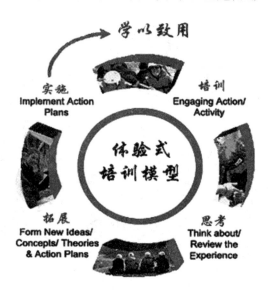

体验式培训示意图

其在对人的心理、性格、态度方面的影响具有得天独厚的优势。但经过改良后的拓展训练,呈现出完全不同的发展态势:场地方面不再仅仅是

校园拓展训练

野外,在学校操场甚至教室内都可以进行;项目方面,严格的来讲,拓展训练及培训往往是针对企业设计项目和进行的,受众有一定的针对性。但随着该项目的发展,针对低年龄段在校学生的拓展训练也逐渐火热起来,人们意识到,青少年一代的身体和心理素质关乎祖国的未来。而拓展训练开发出的适合青少年进行的项目正弥补了我国教育体系中缺失的一部分,更利于实践性和操作性的创新意识、团队意识培养。拓展训练及培训在经济发达地区开展得比较普遍,其也逐步向高校、中小学渗

透。许多高校已经将拓展训练融入到学生的课余活动中,一些学校体育改革的专家也正试图将融合拓展训练理念的新课程形式在高校中进行

法柜奇兵　　　　　　　　　　　　信任背摔

宣　誓　　　　　　　　　　　　解 手 链

钻 木 取 火　　　齐 头 并 进　　　勇 攀 高 峰

试行。中小学出于年龄、场地和师资的限制,只有部分如北京、上海及沿海发达地区的学校将之作为短期培训,但也不是作为一个固定的课程项目来进行。拓展训练的某些项目在中小学生的家长和老师看来仍比较危险,这也是限制其在中小学开展的重要原因之一。如何适地的对其进行调整和改良,以适应中小学的受众及现有的教学设施,是使拓展训练成为中小学课程一部分最为重要的步骤。

（2）中小学教育思想中创新意识与应试教育的矛盾

孔子曰："三人行,必有我师焉。"这体现了我国教育思想中的一个重要理念:现今学校的老师,不仅要教学生知识,而且要与学生积极地交流,并教导学生学会积极地进行交流,只有交流才能迸发出创造的火花。

拓展训练

而如今绝大多数学校的课堂教学,基本就是老师在讲台上将课本、习题的固有内容进行讲解,缺乏对学生自主学习能力的提高,没有自主学习的能力,就更谈不上创新的能力和意识。体育课堂教学也是如此,学生上体育课的目的大概就是:①玩,放松,这无可厚非;②达标;③应付中考和高考体育加试。老师大部分只传授教学大纲的体育活动内容,如铅球、100米跑、篮球投篮等等,而在这其中往往忽略了对学生进行终身体育的教育、团队精神的教育以及自主创新的教育。如果让学生在学习了基本体育技能的基础上，让他们在课堂中自己创造项目或改进某些项目规则使该项目更适合他们的身体条件，相信现在的中小学体育课会是另外一种情况。

拓展训练

（3）创新意识与拓展训练

创新意识需要培养。诚然，有人从一出生就对各种新奇的事物感兴趣，喜欢自己动手创造，他们可以被称为天生的创新者吗？答案是否定的。在他们拆毁自己家闹钟的时候，家长的对其的正确引导教育是必不可少的，更多的鼓励让他体会到发现未知事物的乐趣。拓展训练就是一个鼓励所有参与者动手，完成看似不可能任务后，让体验者发现新的理念、思想,培养其创新意识的过程。国家和社会的发展需要创新意识,以提高、发展学生自身的素质。

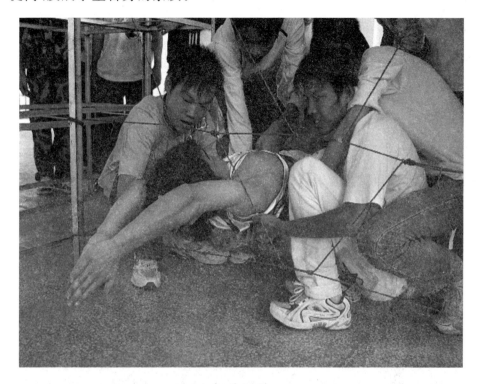

拓展训练

(4)中小学生团队意识教育的缺失

在中小学的教育方针中,对于团队这个概念没有具体的描述,德育、智育、体育其中都包含团队意识的培养,体育最为直接和突出。而在体育教学中,教师往往只完成固有的教学计划和教学目标,没有给予学生一个明确的利用团队协作达到的目标。社会的教育也是造成中小学团队意识教育缺失的重要原因,大多数学生对于职责和分工的概念非常模糊,因为在学校内很少有机会让他们来体验职责和分工的重要性,他们不知道社会的良好运作,甚至班级和谐是每个人精诚合作的结果。在体育教学中,可以设置一些看似困难的内容,让学生将这个难以达到的目标作为整个团队的目标,每个人发挥自己的最大能力,将个人能力融入集体,发挥团队的高能和高效。如今的中小学生大多是独生子女,他们大多以自我为中心,很少顾及他人的感受,不善于合作。这种心理上的不良体现,需要家长和老师及时地进行诱导,在体育教学中,可以直截了当地对其进行教育。如篮球赛中出现只顾自己运球而不给同学传球的现象,体育教师要及时地暂停比赛,向学生讲解"篮球是一个团队运动,只有五个人互相配合,才能战胜对手"等思想。

拓展训练

5. 阳光体育与拓展训练的结合点分析

阳光体育中提出了"健康第一"的理念,这里的健康包括生理健康,也包括心理健康。拓展训练是体验式的练习方式,学生对经历的情景充满了疑惑和好奇,对获取知识充满了渴望,这时人的状态是完全开放的,这时可以

拓展训练

将影响直接施加到人心灵的最深处。场地和器材上,改良后的拓展训练项目完全可以符合学校体育教学的要求:"团队展示"只需少量的纸和笔,"互助盲行"只需要一些简单的道具做障碍,学校的桌椅、栏架等就能满足,"盲人方阵"只需几根长绳,在学校操场上就能进行。在时间上,拓展训练的方式方法非常自由,在几分钟内可以体现其心理影响的效果。当然实施过程要通过体育教师甚至班主任老师的设计,因为教师对自己学生的基本情况比较了解,可以针对学生生理和心理上出现的问题设计项目。在整个过程体育教师或班主任要对同学们进行语言、肢体上的引

导,并可以通过各种项目的完成情况,分析学生的生理、心理状态,利于进行下一步的教学。可以从每天锻炼一小时中抽出小部分时间让学生体验团队合作、创新思维、心理考验,这些经验是平时的课堂教学中难以获得的。学生获得一次次的成功或失败以后,必然会思考老师在活动结束后的总结,一段时间的训练之后,就可以让学生以团队的形式自行设计他们喜闻乐见的项目,就达到了培养创新意识,加强团队意识,提高身体素质的大丰收。

拓展训练